이제는 질문이다

이제는 질문이다

신상훈 지음

BOOK #107
북살일공칠

 시작하는 글

이 책은 아주 단순한 질문에서 시작됐다.
"교수님은 어쩜 그렇게 말을 잘하세요?"
어떤 질문에도 당당하게 거짓말을 잘하던 나인데 말문이 턱 막혀버렸다. 이날따라 솔직히 답변을 하려고 마음먹었던 게 문제였다.
"제가 말을 잘한다고 생각하시는 건…… 오해입니다. 솔직히 저는 말을 잘 못합니다. '엄마' 소리 하나 배우는 데 1년 반이나 걸렸어요."
남자 아이가 여자 아이에 비해서 말 배우는 게 늦기는 하지만 나는 늦어도 아주 많이 늦었다. 그런데 이 대답이 유머인 줄 알았는지 사람들이 키득키득 웃기 시작했다.
"정말 저는 말을 못했어요. 사람들 앞에서는 말을 더듬기까지 했습니다. 남들 앞에 서면 작아지거든요. 특히 사랑하는 여자 앞에만 서면 작아져요."
그러자 청중은 더 크게 와자지껄 웃기 시작했다. 나는 웃자고 말한 게 아닌데 사람들은 개그로 받아들이고 있었다. 어차피 이렇게 된 거 유머로 대답을 끝내기로 했다.

"말 잘하고 싶으세요? 그러면 딱 하나만 잘하면 됩니다. 끝내는 거. 시작은 누구나 잘합니다. 그러나 말은 끝내는 게 훨씬 어렵죠. 여러분도 말 잘하고 싶으면 끝내주는 한마디를 준비했다가 항상 써먹어보세요. 제가 아는 분은 항상 말 한마디로 사람들의 눈을 뜨게 해줬습니다. 모두 그분의 이 한마디를 들으면 어두컴컴한 세상에서 밝게 눈을 뜹니다. 그 한마디가 뭐냐고요? '아멘'."

집으로 돌아오는 차 안에서 오늘의 강의를 곰곰이 되짚어봤다. '끝내주는 한마디'가 자꾸 머리에서 맴돌았다.

위인과 평민의 차이는 바로 이것 아닐까? 후세에 남기는 끝내주는 한마디가 있느냐 없느냐! 성웅 이순신 장군도 끝내주는 한마디가 없었다면 지금까지 우리에게 기억이 되었을까?

"나의 죽음을 적에게 알리지 마라!"

신세계의 브라더 황정민도 이 한마디가 없었다면 기억에 남았을까?

"드루와 드루와."

예수님도 이 한마디가 없었다면 2천 년이 넘도록 기억되었을까?

"아버지여, 저들의 죄를 용서해주소서."

그렇다면 내가 이 시대, 이 땅에 살고 갔다는 것을 사람들이 어떻게 기억할까? 오래도록 기억나는 나만의 끝내주는 한마디는 무엇일까?

"……."

없었다. 그래서 인생을 마무리하는 순간, 위인처럼 명언이나 멋진 말 한마디를 남기기 위해 공부를 하기 시작했다. 그 결과물이 바로 이 책이다. 물론 책으로는 '끝내주는 한마디'를 남길 수 없다. 삶이 든든한 토대가 되어줘야 사람들은 말도 함께 기억해주더라. 그렇지만 이 책을 통해 '끝내주는 한마디'가 당신에게도 꼭 필요하다는 것을 일깨워주고 싶다. 실천은 각자의 몫이다.

끝내주는 말의 중요성을 배우는 과정 속에 우리의 일상적 대화도 변화됨을 느낄 것이다. 명심하자. 말이 변하면 맘이 변하고, 맘이 변하면 몸이 변하고, 몸이 변하면 꿈도 변한다.

무엇보다 말이 먼저 변해야 한다. 그리고 말의 변화는 '질문'에서 시작된다.

김포에서 신상훈

명심하자.
말이 변하면 맘이 변하고,
맘이 변하면 몸이 변하고,
몸이 변하면 꿈도 변한다.

Contents

시작하는 글 • 4

PART 1 • 말 잘하는 사람은 질문도 다르다

Talk 1. 왜 질문이 먼저일까?   17

- 질문이 먼저냐, 답이 먼저냐   17
- 나에게 던지는 질문에 따라 미래가 달라진다   22
- 말 잘하는 사람은 '가나다라마'가 다르다   25

Talk 2. 끝내주는 말을 위한 스피치 5요소   33

- 목표를 명확하게 하라   34
- 스피치 1요소 : 감성적인 말로 다가서라   38
- 스피치 2요소 : 풍성한 콘텐츠로 무장하라   40
- 스피치 3요소 : 논리로 말해야 설득할 수 있다   42
- 스피치 4요소 : 쇼하듯 표현하라   43
- 스피치 5요소 : 유머 있는 말이 오래 기억된다   46

PART 2 · 질문을 활용하여 스피치를 단단하게 하라

- 당당한 스피치를 위한 10가지 요소

Talk 3. 감성으로 접근하라   51

- 감성지능은 어떻게 높일 수 있을까   51
- 관찰-모방-학습-공감의 '거울뉴런'을 활용하라   58
- 공감해야 기억된다   60

Talk 4. 공감, 신뢰, 사랑은 성공의 삼두마차   62

- 공감을 이끌어내는 대화법   64
- 신뢰를 이끌어내는 대화법   68
- 사랑을 이끌어내는 대화법   72

Talk 5. 풍성한 단어에서 다양한 콘텐츠가 나온다   76

- 어휘력은 연봉에 비례한다   76
- 어휘력을 풍성하게 만드는 끝말잇기   77
- 어휘력을 풍성하게 만드는 고사성어, 속담, 명언 인용하기   79
- 어휘력을 풍성하게 만드는 읽고 쓰고 말하기   82
- 어휘력 향상의 최고봉은 독서   84

Talk 6. 꽂히는 콘텐츠, 풍성한 스토리텔링　　　　　　　　　　89

- 친숙하지만 새롭게 스토리텔링하라　　　　　　　　　　91
- 스토리텔링, 3가지 'C'를 기억하라　　　　　　　　　　93
- 잘 쓰는 스토리텔러의 5가지 훈련법　　　　　　　　　　95

Talk 7. 말이 되게 만드는 논리로 소통하라　　　　　　　　　　102

- 논리적 소통 1. 시점을 변화시켜라　　　　　　　　　　105
- 논리적 소통 2. 목표 없는 말은 수다일 뿐이다　　　　　　　　　　109
- 논리적 소통 3. 대등관계냐, 대립관계냐　　　　　　　　　　111

Talk 8. 설득하면 돈이 생기고, 설득당하면 돈을 잃는다　　　　　　　　　　115

- 설득의 절대 요소 : 긍정적 감정을 자극하라　　　　　　　　　　116
- 설득의 달인 공식 : '친인척 최고'　　　　　　　　　　118
- 마음을 얻는 설득의 기술　　　　　　　　　　125

Talk 9. 귀에 쏙쏙 들어오게 말하는 기술　　　　　　　　　　128

- 목소리를 점검하는 6가지 요소　　　　　　　　　　129
- 목소리의 완성은 자신감이다　　　　　　　　　　135

Talk 10. 말보다 몸이 먼저 보인다　　　　　　　　　　　　　138

- 말보다 몸이 먼저다 : 처음 등장이 중요하다　　　　　　139
- 시선이 가장 중요하다 : 눈으로 말해요　　　　　　　　141
- 제스처는 숨길 수 없다 : 몸이 하는 말을 해독하라　　　144
- 진심을 전하는 보디랭귀지 사용법　　　　　　　　　　145

Talk 11. 유머 있는 말이 천 리 간다　　　　　　　　　　　　152

- 유머는 써먹을수록 는다　　　　　　　　　　　　　　153
- 유머는 생일 선물이다　　　　　　　　　　　　　　　154
- 유머 감각을 높이는 '가위바위보'　　　　　　　　　　158

Talk 12. 웃겨야 성공한다　　　　　　　　　　　　　　　　164

- 돈이 많으면 성공?　　　　　　　　　　　　　　　　165
- 유쾌한 사람들은 '영웅본색'이다　　　　　　　　　　167
- 유쾌한 유머 스피치의 3원칙　　　　　　　　　　　　170

PART 3 · 풀리지 않는 대화, '말(질문)'로 풀어라

Talk 13. '꽉' 막힌 대화, 시원하게 뚫어주는 5가지 방법   179

- 첫 만남 : 내가 받고 싶은 첫인사를 상대방에게 먼저 하라   181
- 부탁할 때 : '오아시스'를 외쳐라   183
- 거절할 때 : 솔직하고 빠르게   186
- 화를 낼 때 : 화가 나면 화를 내라   188
- 사과할 때 : 진심이라는 사과가 맞있다   190

Talk 14. 말로 극복하라   192

- 말로 지루함을 극복하라   193
- 말로 불안감을 극복하라   197
- 말로 일상의 평범함을 극복하라   198
- 말로 위기를 극복하라   201

Talk 15. 말로 리드하라   205

- 부정적으로 말하지 마라   206
- '하지만'이라는 평계는 대지 마라   207
- 극단적인 말은 삼가라   208

- 잘못을 따지기보다 해결책을 찾아라 … 210
- 지적이 아닌 지도를 하라 … 211
- 질문으로 응답하라 … 213
- 자신 있게 말하라 … 215
- 끊어야 할 때는 과감하게 끊어라 … 216

PART 4 · 열에 아홉, 직장인이 궁금해하는 5가지 질문

Talk 16. 마이크 잡는 걸 두려워하지 마라 … 221

Talk 17. 5분 스피치, '준비하자!' … 227

Talk 18. 취업 면접, '왜'를 잡아라 … 235

Talk 19. 스펙을 완성하는 것은 '말'이다 … 244

- 스펙을 완성하는 말 … 246
- 가치를 공유할 수 있는 사람이 되라 … 251

PART 1

—

말 잘하는 사람은 질문도 다르다

TALK 1

왜 질문이 먼저인가?

질문이 먼저냐, 답이 먼저냐

뉴스를 검색하던 중 이런 기사 제목이 눈에 띄었다.

"왜 우리나라 대학생들은 질문을 하지 않을까?"

모교인 한양대학교의 특임교수가 되어 강의를 하면서 매일 고민하던 질문이기에 눈에 확 들어왔다. 한 교수가 한국과 미국에서 똑같은 내용의 강의를 했을 때의 일이다. "질문 있습니까?"라고 물으면 미국 학생들은 수업의 클라이맥스라고 생각하고 여기저기서 질문을 시작하는데, 한국 학생들은 수업이 끝난 줄 알고 가방을 챙기더란다. 나도 "질문 있는 사람?" 하고 물으면 학생들은 묵묵부답이라 가슴이 답답하던 차였다.

왜 우리나라 학생들은 질문을 안 하는 것일까? 요즘은 오십견이 아니라 '이십견'이 와서 그런가? 어쨌든 우리나라 대학 강의실에는 질문이 없다. 질문이 없다는 것은 배운 것이 없다는 뜻이다.

한국이나 미국이나 아이들은 똑같다. 태어나 우는 것도 똑같고, 처음 배우는 단어인 '엄마'도 똑같고, 끊이지 않고 '왜?'라고 묻는 것도 똑같다. 그런데 다른 것이 하나 있다. 바로 선생님의 대답이다. '왜'라는 질문에 대한 선생님의 대답이 크게 다르다.

미국에서 영어로 "Why?" 하면 선생님은 "Because……"가 자동으로 나온다. 그러나 한국에서는 "아까 설명했잖아. 안 듣고 뭐했니?", "그건 몰라도 돼. 시험에 안 나와", "넌 바보냐? 이것도 이해를 못해?" 자동으로 꾸지람만 나온다.

질문을 한다는 건 모른다는 뜻인데 모른다고 야단치는 선생님이 의외로 많다. "좋은 질문이야. 다음 시간까지 숙제." 이 정도로 말하는 선생님은 양반이다.

오히려 수업이 끝난 뒤에 다른 학생들에게 괴롭힘을 당하기도 한다. "너 때문에 늦게 끝났잖아. 이 *&^%~"

그러니까 아이들은 교실에서 절대 질문하지 않게 되고 그 습관은 대학생이 되어서도 계속된다. 그러면서 '학생은 교수 탓, 교수는 학생 탓'을 한다. 난 선언한다! 당신이 어떤 질문을 해도 성실히 답변에 임할 것임을! 내 이메일을 공개할 테니 언제든지 질문하라.

이번엔 내가 먼저 질문을 할 테니 성실히 답변하기 바란다.

"질문이 중요할까, 답이 중요할까?"

음…… 대답이 바로 안 나오면 답답해진다. 그러나 당신 잘못은 아니다. "중간만 해라", "모난 돌이 정 맞는다", "튀려고 하면 튕겨져 나간다"고 배웠기 때문이다. 당신에게 이렇게 가르친 사람들의 잘못이다. 특히 군대에서 이렇게 가르친다. 군대 가면 '사람 된다'고들 한다. 맞는 말이다. 그러나 '평범하고 말 잘 듣는 사람'이 되는 것이다.

갑자기 어린 왕자가 생각난다.

어린왕자가 술주정뱅이에게 물었다.
"아저씨는 거기서 뭐해?"
"술 마신다."
"술은 왜 마셔?"
"잊으려고 마시지."
"뭐를 잊으려고?"
"창피한 걸 잊어버리려고."
"뭐가 창피한데?"
"술 마시는 게 창피하지."

만약 어린왕자가 우리나라 학생들에게 이런 질문을 한다면 어떨까?
"형은 지금 뭐해?"
"공부하지."

"공부해서 뭐하게?"

"대학가지."

"대학가서 뭐하게?"

"취직하지."

"취직해서 뭐하게?"

"돈 벌지."

"돈 벌어서 뭐하게?"

"음, 그 돈으로 신나게 놀아야지."

"지금도 노는 건 할 수 있잖아. 학교 가지 말고 나랑 놀자."

공부를 왜 하는지, 학교에 왜 가는지 근본적인 질문에 대한 자기만의 답이 없기 때문에 우리 학생들은 답답하게 살고 있는 것이다. 고등학생의 절반 정도가 학교를 모텔로 생각하고 잠만 잔다고 한다. 수업료를 받을 게 아니라 대실료를 받아야 한다. (참 요즘은 모텔에서 잠을 안 자지만······.)

어쨌든 질문과 답도 없이 '왜'를 생각하지 않는 주입식 교육은 무뇌아만 양산할 뿐이다. 왜 사는지에 대한 고민과 답이 없어서 우리나라 학생들의 자살률이 높다는 연구도 있다. 다시 한 번 묻는다.

"질문이 중요할까? 답이 중요할까?"

"······."

처음부터 너무 어려운 문제를 냈나? 그럼 질문을 바꾸겠다.

"질문이 먼저일까? 답이 먼저일까?" 이건 너무 쉽다. 당연히 질문이 먼저다. 짜고 치는 고스톱 같은 청와대 기자회견이 아니라면 답을 먼저 준비하고 질문을 하는 일은 없다. 질문 먼저! 그만큼 질문이 중요하다는 것이다. 질문에 따라 답이 결정되니까. 그래서 이런 말이 있다.

"삶은 자신에게 던지는 질문에 의해 결정된다." _신상훈

내가 한 말이지만 참 멋진 말이다. ㅋㅋ
다시는 생각하고 싶지 않은 '메르스 사태'를 떠올려본다. 낙타 우유 마시지 마라, 낙타 고기 먹지 마라, 낙타 들어간 황당한 예방수칙 포스터……. 어쨌든 메르스 사태로 인해 강의가 줄줄이 취소됐다. 유일하게 취소하지 않았던 토지주택공사의 교육담당자에게 감사를 드린다. 슬슬 화가 나던 중에 스스로에게 이런 질문을 던졌다.
'작년에는 세월호, 올해는 메르스, 앞으로 이런 사태는 끊이지 않겠구나. 그렇다면 나는 어떻게 살아야 하나?'
스스로에게 던진 질문으로 인해 내 미래가 바뀌었다.
'그래, 이대로 앉아서 당할 수는 없다!'
그래서 찾은 답이 바로 '온라인 스피치 아카데미'다. 내가 찾아가서 강의를 하는 것은 한계가 있다. 책을 쓰고 온라인으로 강의를 하면 사람들이 찾아올 것이다. 그래서 '톡킹스피치'를 창업하였다.

당신도 끊임없이 스스로에게 질문을 던져야 한다.
'어느 대학을 갈까? 어떤 전공을 공부하지? 이 사업을 추진할까?

이 사람과 동업을 할까, 말까? 언제 회사를 그만두지?' 그래서 질문이 중요한 것이다. 과거에 던진 질문이 현재의 나를 만들었듯, 지금 던지는 질문에 의해 당신의 미래가 결정될 테니까.

나에게 던지는 질문에 따라 미래가 달라진다
―

'다르다'는 단어에 주목하라. 'different'와 'wrong'을 해석해보라. '다르다'와 '틀리다'다. 기초적인 영어를 배운 사람이라면 정확히 알고 있다. 그런데 다르다와 틀리다를 사용할 때는 헷갈리는 사람이 많다.

"각자의 생각은 다를 수 있는 거야." (○)

"각자의 생각은 틀릴 수 있는 거야." (×)

"지난번에 입었던 옷과 다른 색이네." (○)

"지난번에 입었던 옷과 틀린 색이네." (×)

이걸 한번 번역해보라.

Think different!

다르게 생각하라? 틀리게 생각하라? 이 문장을 보면 생각나는 과일이 있다. 애플, 사과가 생각난다. 1997년 애플이 발표한 유명한 캐치프레이즈 'Think different', 즉 '다르게 생각하라.'

솔직히 잘못된 표현이다. 동사 다음에 부사가 와야 하는데 형용사가 쓰였으니까 문법적으로 잘못된 표현이다. 제대로 쓰려면 Think differently가 정답이 될 것이다.

그런데 애플 측의 설명은 Think something different를 줄여서 Think different가 됐다는 주장이다. 그러니까 '다르게 생각하라'가 아니라 '뭔가 다른 것을 생각하라'고 해석하는 게 옳다는 뜻이다. 그러나 워낙 Think different를 '다르게 생각하라'고 들어왔기 때문에 여기서도 그렇게 풀어보기로 하자. 다르게 생각하려면 다름과 같음의 차이를 알아차릴 수 있는 센스가 중요하다. 그 차이가 바로 내가 강조하는 포인트다. 먼저 니체의 말을 들어보자.

> 젊은이를 타락시킬 수 있는 가장 확실한 방법은 다르게 생각하는 사람보다 똑같이 생각하는 사람을 존경하라고 가르치는 것이다. _ 니체

나와 똑같이 생각해라, 나와 똑같은 걸 먹어라, 나와 똑같은 책을 봐라, 이런 사람들을 조심해야 한다. 요즘 주변에 이런 사람이 많아졌다. 다름과 다양성을 인정해야 한다. 그걸 인정하지 않는 사람을 독재자라고 한다. 새로운 지식을 얻는 가장 빠르고 현명한 방법도 다름을 찾는 데 있다. 다른 점은 찾아서 받아들이고, 틀린 점은 찾아서 버려야 하는데 오히려 반대로 한다. 다른 점은 버리라고 하고, 틀린 점은 받아들이라고 강요한다.

다름과 틀림의 단어를 헷갈려서 잘못 쓰다 보니까 우리 머릿속도 뒤죽박죽 혼동스러운 것이다. '틀린 그림찾기'가 아니라 '다른 그림찾기'다.

다름을 인정하지 않는 사회는 미래가 없다. 성별이 다르다고, 고향이 다르다고, 나이가 다르다고, 소득이 다르다고, 생각이 다르다고 서로 헐뜯고 싸우고 죽이고……. 명심하라, 틀린 게 아니라 다른 것이다.

그리고 다름을 빨리 찾아내는 것이 변화의 첫걸음이다. 스피치 교육에서 가장 중요한 것은 "가갸거겨 나냐너녀" 하는 발음연습이 아니다. 어떻게 말하는가를 배우기보다 무엇을 말할 것인가를 배워야 한다.

왜냐하면 스피치는 스킬이 아니기 때문이다. 스킬SKILL에서 S를 떼어버려야 한다. 그러면 킬KILL이 된다. 바로 그것이다. 죽이는 말, 끝내주는 말을 배워 말하는 것, 이 책의 목표다.

달달달 외워서 하는 스피치는 응용이 안 된다. 스피치 학원을 다녀도 말문이 막힌다면 기초부터 다시 배워야 한다. '엄마'를 배웠는데도 엄마 앞에서 '엄마' 소리를 못하는 이유는 엄마란 단어를 모르는 게 아니라 엄마를 불러야 하는 이유를 모르기 때문이다. 엄마를 사랑하면 자연스레 엄마가 나온다. 자연스레 눈물도 흐른다.

"엄마~~ㅜㅜㅜ"

태초에 말이 있었다. 말을 바꾸면 세상을 변화시킬 수 있다. 죽이는 한 마디로 나를 바꿔보자. 내 가족을, 내 회사를, 내 나라를 바꿔보자. 이번 장의 제목을 다시 한 번 살펴보라. '말 잘하는 사람은 질문부터 다르다.' 다른 점을 찾아서 바꾸면 당신도 그렇게 변화할 수 있다. 그리고 시작은 항상 '왜'라는 호기심어린 질문에서 출발함을 명심하라.

말 잘하는 사람은 '가나다라마'가 다르다

말 잘하는 사람들에겐 5가지 다른 점이 있다. 이제부터 '가나다라마'로 풀어보겠다.

- **가**정이 화목하다

우리가 태어나서 처음 배우는 말은? '엄마'

'엄마'라는 단어를 들으면 기분이 묘하다. 그 기분은 가정환경에 따라 다를 것이다. 화목하게 자란 사람은 따스하게 다가오고, 불화 속에 자란 사람은 짜증이 밀려올 것이다. 말의 기본은 단어인데, 이 단어들이 긍정적이고 다양하고 아름다워야 말을 잘하게 된다. 좋아하는 선생님의 과목이 유달리 성적이 좋았던 기억을 떠올려 보라. 그래서 화목한 가정 출신들이 말을 잘한다. 그렇다면 이 책의 저자인 나는 어땠을까? 말 그대로 '화목한 가정'이었다. 화요일하고 목요일만 화목했다. 다른 날은 좀⋯⋯.

솔직히 말하자면 반반이었다. 엄마는 자상하셨다. 울 엄마는 나랑 똑같이 생기셨다. 내 얼굴에 파마 가발을 씌우면 그게 우리 엄마다. 나의 유머감각도 엄마에게 물려받았다. 나를 낳자마자 내 얼굴을 보고 "어이구 내 새끼, 너무 잘생겼네. 호호호!" 이렇게 웃으셨을 정도로 유머감각이 풍부하셨다.

아버지와는 대화가 별로 없다. 마지막으로 이야기를 한 게 벌써 20년 전이다. 20년 전에 돌아가셨다. 그래서 '엄마' 그러면 가슴이 찡하고 할 말이 많은데, '아버지' 그러면 할 말이 없다. 자녀가 말을 잘하도록 키우고 싶다면 가정의 화목이 기본이다. 물론 예외도 있다. 개그맨 중에는 가정이 불우한데도 말을 잘하는 사람이 많다.

왜 그럴까? 지긋지긋한 집구석에서 독립하는 유일한 길이 돈을 버는 것이고, 못생기고 뚱뚱한 몸뚱이로 우리나라에서 돈을 벌려면 남을 웃겨야 한다는 걸 일찍 깨달았기 때문이다. 스스로 발버둥 치며 노력한 것이다. 질문 하나 하자.

"돈을 벌려면 어떻게 하지?"

"열심히 일해서 번다."

대부분 이렇게 대답한다. 그래서 일하기가 싫은 것이다. 돈을 위해 일하니까. 그러나 돈은 일해서 버는 것이 아니라 '남을 즐겁게 해주는 데 따른 보상'이다. 즐겁게 해주는 사람이 많으면 많을수록 버는 돈도 많아진다. 이 진리를 일찍 깨달은 사람들은 가정이 불우해도 말을 잘한다. 말로 사람들을 웃기는 기술을 터득한 것이다.

은수저, 흙수저의 세상에서 출세하기는 쉽지 않다. 불우한 가정 출신이 성공하는 경우는 딱 하나의 행운 때문이다. 자신을 믿어주고 사랑해준 사람을 만났기 때문이다. 적어도 자기와 말이 통하는 사람이 있었기 때문이다. 말은 사랑으로 배운다. 그래서 사랑이 아닌 자신의 피나는 노력으로 말하기를 배운 사람은 어딘가 말 속에 공허함이 있다. 말 속에 가시가 있다.

나와 친한 어떤 개그맨은 말을 참 잘한다. 그러나 가정사로 인해 조금 비틀어져 있어서 그런지 개그가 독하다.

"신 작가 형, 형은 작가니까 만날 여자들에게 '난 작가[자까], 우리 작가[자까]?' 그러면서 여자들 꼬시지? 오늘 꼬신 그 여자는 누구야?"

그러면 나는 화를 꾹 참고 웃으면서 말한다.

"인사해. 내 마누라야."

• 나를 사랑한다

"너 왜 그렇게 말을 못하니?"

"응, 나 말 못타. 그래서 자전거 타잖아."

이렇게 당당한 것은 자신감 때문이다.

자신감을 키우라는 말은 많이 하는데 정작 어떻게 키워야 할지는 모른다. 이런 CF가 생각난다.

"아이들은 성적이 오르면 목소리가 커집니다."

성적을 높이고 싶으면 일단 목소리를 키워야겠단 생각이 들었다. 자신감 있는 사람은 목소리도 당당하다. 그러니까 자신감을 위해 목소리부터 높이자. 말을 더듬고 키가 작은 소년이 있었다. 그는 사람들의 놀림감이 되었다. 그가 참치샌드위치를 주문하면 두 개를 주었다. 왜냐하면 이렇게 주문했기 때문에.

"투…… 튜…… 튜나 샌드위치, 플리즈."

아이들은 이런 말더듬이 소년을 놀렸다. 하루는 어머니가 의기소침해 있는 그에게 말더듬는 이유를 차분히 설명해주었다.

"그건 네가 너무 똑똑하기 때문이야. 머리는 빨리 돌아가는데 혀는 따라갈 수가 없어서 그렇게 말을 더듬는 것이란다."

소년은 생각했다. '아, 내 머리가 너무 빨라서 혀가 따라가지를 못하는구나. 그럼 다른 아이들은 머리가 늦게 돌아가서 말을 안 더듬는 거였구나.'

그때부터 자신의 똑똑한 머리를 사랑하게 된 소년은 말 더듬는 걸 자연스러운 현상으로 받아들였고 그러다 보니 오히려 말을 더듬지 않게 되었다. 그가 바로 GE의 CEO 잭 웰치다. (당신은 당신을 사랑하는가? 그렇다면 이 책을 끝까지 읽어라. 사랑하는 당신의 찬란한 미래를 위해 ─ 저자의 잔소리)

• **다**방면에 관심이 많다

초등학교 3학년 때 선생님이 칠판에 '화전'이란 단어를 적어 놓고 뜻이 무엇이냐고 물어보셨다. 아이들은 서로 나름의 의견을 쏟아냈다.

"전화 거꾸로 쓴 거요", "꽃 이름이요", "화요일 전이니까 월요일이요."

선생님은 모두 틀렸다고 하셨다. 마지막으로 내가 희미한 미소를 띠며 대답했다. "산에 불을 질러서 농사를 짓는 것을 화전이라고 합니다. 그런 사람들을 화전민이라고 부릅니다."

분명 내 말을 믿지 못하는 사람도 있을 것이다. 그러나 나는 분명히 기억한다. 내가 화전에 대한 대답을 끝마쳤을 때 놀란 표정으로 나를 바라보던 선생님의 얼굴을. 어떻게 알았을까? 만화 때문이다. 당시 우리 동네 만화방은 입장료를 받았다. 들어갈 때 한 번 돈을 내면 나올 때까지 무한정 볼 수 있었다. 수많은 만화 중에 용가리 시리즈를 연재하던 경인이란 작가가 있었다. 용이 변해서 용가리, 말이 변해서 말가리, 개가 변해서 개가리, 토끼가 변해서 토가리…… 진짜라니까. 그 경인이란 작가의 만화에서 '화전'이란 단어를 배웠던 것이다.

말을 잘하려면 일단 많은 단어를 알고 있어야 한다. 그래서 다양한 입력이 필요하다. 책, 인터넷, 강의, 수업 등 오감을 동원해서 입력해야 머릿속에 수많은 지식과 방대한 상식, 알찬 지혜가 쌓인다.

이것을 잘 버무려서 논리에 맞는 말을 할 때 '말을 잘한다'라는 칭찬을 듣게 되는 것이다. 입력을 위해 필요한 것은 무한한 관심이다. 고로 다방면에 관심을 가지고 정보를 입력하면 그것이 말을 위한 자양분이 된다는 것을 명심하라.

- **라**라라라~~ 항상 즐겁다

말 잘하는 사람의 대명사, 대표주자, 국가대표가 바로 개그맨이다. 이들은 어떤 상황에서도 웃음을 만들어낸다. 우리나라 최초의 스탠드업 코미디 프로그램인 〈폭소클럽〉을 만든 작가를 잘 안다. 바로 나다. 또 한 번의 기회가 주어진다면 다시 한 번 우리나라에서 말로만 웃기는 코미디 쇼를 만들고 싶다. 지난번 〈폭소클럽〉 때는 제약이 많았다. 말로 웃기기 제일 쉬운 소재인 정치, 섹스, 사회비판을 맘대로 할 수 없었다.

단적인 예를 들자면 블랑카라는 외국인 노동자가 "사장님 나빠요"라고 했더니 중소기업 사장들이 쳐들어왔다. 그래서 "봉숙이 나빠요"가 되었다. 물론 몇몇 봉숙이들도 항의를 했지만 그 정도는 이겨낼 힘(?)이 있었다. 앞으로 이런 제약이 사라지는 사회가 오면 다시 한 번 시사 풍자를 제대로 하는 코미디 프로그램을 만들고 싶다. 물론 현재와 같은 분위기에선 요원한 일이지만!

당시 모 PD 아버님이 돌아가셔서 출연진과 스태프들이 상가에 간 적이 있다. 좀 시끄럽게 떠들었더니 한 개그맨 선배가 이렇게 말했다.

"야, 왜 이렇게 떠들어! 여기가 상가 집이지 세운상가냐?"

잠시 침묵이 흐르다가 웃음이 터졌다. 개그맨은 초상집에서도 웃겨야 하는 사람들이다. 말은 감정에 따라 달라진다. 당연히 기분이 좋으면 말도 잘 나오는 법이다. 말을 잘하고 싶다면 항상 즐거운 기분을 유지해야 한다. 즐겨라, 어차피 한 번 사는 인생이다.

말을 못하는 사람들은 두려워한다. 특히 두려워하는 것이 있다. 바로 실수다. '실수하면 어떻게 하나', '가만히 있으면 중간은 간다.' 그래서 조용히 있는 것이다. 그러나 실수도 즐겨라. 실수를 잘 처리하면 멋진 한마디가 되니까. 기억하라. 당신의 실수는 아무도 기억하지 않는다. 그러나 실수를 각오하고 날린 당신의 웃음 펀치는 오래도록 기억될 것이다.

"명함이 떨어졌네요"라고 말하기보다는, "주민등록증으로 드릴까요? 거기 이름 주소 다 있는데"라고 말한다면 얼마나 멋지겠는가.

여성에게 물을 쏟고 나서 "죄, 죄송합니다. 많이 젖으셨나요?"라고 말하기보다는, "제가 착각했습니다. 꽃인 줄 알고……"라고 말한다면 그 여성과 쌈을 하지 않고 썸을 탈 수도 있다.

- **마**지막 한마디가 끝내준다

　예전에 KBS TV 드라마 〈풀하우스〉에 게스트로 출연한 적이 있다. 사회자인 이경규 씨가 물어봤다.

　"천만 관객 영화의 비밀은 무엇일까요?" 나는 이렇게 대답했다. "영화 제목이 모두 세 글자입니다. 해운대 실미도, 변호인, 도둑놈, 아 도둑들이구나. 어쨌든 세 글자예요." 그랬더니 "겨울왕국은 네 글자인데요?"라고 이경규 씨가 토를 달았다. 그래서 난 이렇게 답했다. "겨울왕국의 영어 제목이 뭔지 아세요? '프로즌', 세 글자예요."

　관객석에서 웃음이 빵 터지고 5시간의 녹화 끝에 이 장면은 고스란히 살아서 방송을 탔다. 이처럼 마지막 한마디가 끝내줘야 살 수 있는 것이다. 천만 관객 영화의 공통점이 하나 더 있다. 영화관을 나오는 관객들에게 꽂히는 대사가 있어야 한다. 터미네이터의 명대사 "I will be back"처럼. 〈타짜〉에서도 그 한마디가 있다. "나 이대 나온 여자야"처럼 말이다.

"만일 그 두려움을 용기로 바꿀 수만 있다면 그 용기는 백 배 천 배, 큰 용기로 배가 되어 나타날 것이다" — 영화 〈명량〉

"대한민국 주권은 국민에게 있고 모든 권력은 국민으로부터 나온다. 국가란 국민이다." — 영화 〈변호인〉

"한두 명 죽인다고 해방은 오지 않겠지요. 그래도 알려줘야지요."

우리가 계속 싸우고 있다는 걸."

"어이 3000불, 우리 잊으면 안 돼." — 영화 〈암살〉

"우리가 돈이 없지 가오(체면)가 없냐?"— 영화 〈베테랑〉

말 잘하는 사람들에게도 귀와 가슴에 꽂히는 명대사가 있다. 그 대사는 핵심을 찌르면서도 간단명료하다는 특징이 있다. 시나 노래처럼 가슴에 메아리친다. 이런 끝내주는 말을 당신이 할 수 있도록 끝까지 노력해야 한다. 호랑이는 죽어서 가죽을 남기고 사람은 죽어서 말을 남긴다. 당신이 한마디의 명언을 남길 수 있다면 성공한 삶이 되는 것이다. 죽이는 한마디, 끝내주는 한마디를 위해 오늘부터 노력해보자. 언제까지?
앞으로 쭉~~~~~.

> **신상훈의 핵심톡킹 1**
>
> 1. 나에게 던지는 질문에 따라 미래가 달라진다.
>   끊임없이 스스로에게 질문을 던져라.
>
> 2. 말 잘하는 사람은 '가나다라마'가 다르다.
>   1) 가정이 화목하다.
>   2) 나를 사랑한다.
>   3) 다방면에 관심이 많다.
>   4) 라라라라~ 항상 즐겁다.
>   5) 마지막 한마디가 끝내준다.

TALK 2

끝내주는 말을 위한
스피치의 5요소

나는 경품 추첨을 아주 싫어한다. 왜냐고? 공정하지 않으니까. 모든 사람에게 기회가 돌아가는 것 같지만 실제로 해보면 안다. 매우 불공평하다는 것을. 꼭 되는 사람만 된다. 특히 '나'는 절대 안 된다. 그래서 나는 경품 추첨을 매우 싫어한다.

또 경품 추첨이 싫은 이유는 가장 좋은 상품을 가장 마지막에 뽑는다는 점이다. 집에 가고 싶어도 못 가게 붙잡는다. 마지막까지도 내가 안 되면 얼마나 약이 오르는지 아는가? 물론 이해는 된다. 그래야 행사 중간에 가는 사람이 없을 테니까. 그래도 이건 아니다. 그래서 난 지금 이 책에서 가장 중요한 내용을 먼저 밝히고자 한다. 왜? 처음부터 목표를 확실히 알고 가야 끝까지 포기를 안 하니까!

목표를 명확하게 하라

이것이 바로 우리의 목표다. 세 번 외치라! 끝내주는 한마디를 배워보자. 그런데 꼭 중간에 포기하는 사람들이 나온다. 당신이 등록했던 헬스클럽, 며칠이나 나갔는가? 큰맘 먹고 끊었던 영어 학원. 몇 번이나 참석했나? 지난번 신청했던 인터넷 강의는 다 들었는가? 아닐 것이다.

그렇다면 사람들은 왜 중간에 포기를 할까? 게을러서? 절대 그렇지 않다. 당신이 게으른 게 아니라 모든 게 선생 탓이다. 선생 잘못이란 말이다.

골프 레슨의 경우 한국과 미국은 큰 차이가 있다. 무엇일까? "미국은 영어로 가르치고 한국은 한국말로 가르친다." 미안하다. 아재 개그를 해서. 나라고 항상 말을 잘하는 것은 아니다. 말을 타다가 떨어질 때도 있다. 차이점이 있다면 나는 바로 떨어진 말에 올라탄다는 점이다.

미국은 자기 몸에 스윙을 맞추고, 우리는 스윙에 몸을 맞춘다. 다시 말해 폼을 강조한다는 말이다. 그래서 '폼생폼사'라는 말까지 있는 것이다. 그러다보니 폼 찾는 데 3개월쯤 걸리고 그 후에나 필드에 나가게 된다. 미국은 폼이고 나발이고 없다. 바로 필드 행이다. 물론 미국과 우리나라는 골프장 환경이 다르니까 그럴 수는 있다.

그러면 피아노 레슨을 예로 들자. 한국은 바이엘부터 가르친다. '도레 도레 도레미' 지루해서 포기한다. 미국은 좋아하는 노래 하나를 골라서 치도록 가르친다. 노래 하나를 연주할 수 있으니까 더욱 재미가 붙어서 계속 연습하게 된다. 나도 딱 한 곡을 칠 수 있다. '해피 버스데이 투 유.'

몰래 혼자 연습해서 집사람 생일날 연주해주니까 감동을 먹더라. 한번 배워놓으면 다른 여자 생일날 연주해줘도 역시 같은 감동을 먹는다. 배워 놓기를 참 잘했다는 생각이 든다. 요즘은 한국에서도 이렇게 곡 위주로 악기를 가르치는 곳이 많다고 한다. 이처럼 확실한 목표를 세워줘야 포기를 잘 안 한다. 포기했던 경험이 있는 당신, 절대로 당신이 게을러서가 아니다. 가르치는 선생의 잘못이다. 그러나 포기하면 항상 그 책임을 학생들에게 전가시킨다.

"네가 노력을 안 해서 그런 거야. 네가 게을러서 그렇다니까!"

만약 당신이 중간에 포기를 한다면 그 책임은 모두 나에게 있음을 강력히 주장한다. 끝까지 당신을 밀어붙일 것이다. 그런데 마지막까지 배우고 나서도 변화가 없다면 그것도 역시 나의 잘못이다. 그럴 경우엔 이 책을 교환해주겠다. 돈으로는 말고 다음에 나올 책으로…….

내가 다녔던 성일중학교의 교훈은 '성실'이었다. 아이들은 항상 거꾸로 읽었다. '실성'. 중학교 때 '성실'이 무슨 뜻이냐고 선생님에게 물어본 적이 있다. 돌아온 것은 선생님의 대답이 아니라 내 머리를 내리치는 지휘봉이었다.

"쓸데없는 걸 왜 물어봐? 공부 안 하려고 이 녀석이 꾀를 쓰네."

그래서 이번엔 지식인에 물어봤다.

성실 誠實 : 어떤 일에 목적을 정해 놓고 정성과 최선을 다해 꾸준하고 열심히 노력하는 것.

그러나 여전히 성실이 뭔지 잘 모르겠다. 왜냐하면 피부에 와 닿지 않아서. 여기서 피부란 단어에 주목해보자. 한마디로 느낌이 없다는 말이다. 다시 말해 내가 체험해보지 않은 것은 아무리 말로 설명해도 못 알아듣는다는 뜻이다. 그와 비슷한 단어가 많다.

열정, 노력, 감동, 성공, 행복, 진심, 신뢰, 믿음, 소망, 사랑…….

사랑이란 단어를 예로 들어보자. 사랑을 해보지 않은 사람에게 사랑은 공허할 뿐이다. 아무리 설명해도 알아듣지 못한다.

보스턴 교외의 한 정신병원, 이곳에서 치료를 받고 있는 환자 중에 앤이라는 소녀가 있었다. 시력도 잃고 괴성만 지르는 그녀를 지하 독방에 감금하듯 옮겨 놓았다. 의사와 간호사는 그녀를 포기했다. 그러나 한 자원봉사자 할머니는 포기하지 않고 그녀를 자기 집으로 데려와 정성으로 가르치고 치료를 했다. 퍼킨슨 맹아학원도 졸업시키고 나중엔 수술로 눈도 뜨게 해줬다.

그렇게 해서 앤은 맹아들을 가르치는 선생이 됐는데 처음으로 맡아 가르친 소녀가 바로 헬렌 켈러였다. 앤이 바로 그 유명한 앤 설리번 선생이었던 것이다. 헬렌 켈러는 사랑이란 단어를 생각하면 바로 앤 설리번을 떠올릴 것이다. 앤 설리번은 사랑이란 단어를 들으면 바로 자원봉사자 할머니를 생각할 것이다. 이게 바로 사랑이란 단어를 우리가 피부로 느끼는 방법이다.

생각해보라. 앤 설리번이 헬렌 켈러에게 첫 단어를 어떻게 가르쳤는지. 앤은 수돗가에서 펌프질을 하며 헬렌의 손바닥에 흐르는 물을 느끼게 했다. 그러면서 '워터water'라는 단어를 손가락으로 손바닥에 써주었다. 피부로 느껴야 배움이 시작된다.

노력도 그렇다. 말로만 노력, 노력 해봤자 모른다. 작은 목표라도 스스로 설정하고 성취해야 기쁨을 느낄 수 있고, 그 느낌을 통해 또 다른 노력을 기울이게 된다. 그러니까 '끝내주는 한마디'가 뭔지 그 목표를 보여줘야 스스로 노력하게 되는 것이다.

'말을 물가로 데려갈 수는 있지만 강제로 물을 마시게 할 수는 없다'는 말이 있다. 좋은 조련사는 말이 목마르게 해서 스스로 물을 마시게 한다. 다시 한 번 당신에게 확실한 목표를 알려주겠다.

- **나의 목표 : 끝내주는 한마디**

말을 잘하는 사람들은 '끝내주는 한마디'가 있다. 그 끝내주는 한마디를 위해서는 5가지 구성요소가 필요하다. 왜 5가지냐 하면 손가락이 다섯 개라서. 손가락 하나하나에 잘 새겨서 외우기 바란다.

YS와 DJ 중에 누가 더 말을 잘할까? 당연히 DJ다. 그러나 YS라고 말하는 사람도 많다. 왜? DJ를 싫어하는 사람은 그렇게 말한다. 전반적으로 영남 사람은 YS가 말을 잘한다고 생각하고, 호남 사람들은 DJ가 말을 잘한다고 생각할 것이다. 그럼 충청도 사람들은 누구라고 할까?

"둘 다 아니여……. JP가 잘혀……."

여기서 알 수 있는 것은 '내가 좋아하는 사람이 말을 잘한다고 느낀다'는 것이다. 내가 좋아하는 소리만 들리는 것이 우리의 귀다. 여러 명이 수다를 떨어도 내가 좋아하는 사람의 목소리만 내 귀에 들린다. 사람이 좋으면 그 사람의 말이 다 좋게 들린다. 싫어하는 사람은 아무리 말을 잘해도 이렇게 반응한다.

"말만 번지르르하게 하네."

스피치 1요소 : 감성적인 말로 다가서라

말을 잘하고 싶으면 상대방에게 감성적으로 다가서라. 말을 좋게 하려면 먼저 좋은 사람이 되어야 한다.

'존 데이비슨 록펠러', 미국의 석유재벌로 유명하다. 스탠더드 오일회사를 설립하고 광산, 철도, 유전 등을 흡수해 전 세계 최고의 갑부가 되었다. 아담이 에덴동산에서 쫓겨나서 매일 500달러씩 저축을 했어도 록펠러만큼 부자는 아니라는 농담이 있을 정도다. 빌 게이츠보다 3배나 많은 재산이 있다고 보면 된다. 나중에는 록펠러 재단을 설립하고 자선활동에 나선다.

여기서 잠깐, 우리나라 속담에 '개처럼 벌어서 정승처럼 쓴다'는 말이 있는데 우리나라 재벌들보다는 외국 부자들이 이 속담을 잘 실천한다. 무지막지하게 탈법적으로 큰돈을 번 부자들도 마지막에는 사회에 환원한다. 우리나라는 오히려 죽는 순간까지 '사회에 환원'보다는 '사회에 환장'할 짓만 하고 가는 경우가 많다. 특히 록펠러는 교회 설교에서 자주 언급되는데 그 이유는 정확하게 십일조(자기 소득의 10분의 1을 떼어 헌금)를 실천했던 사람이기 때문이다. 도서관과 학교 등을 지어서 기증하는 등 기부도 엄청나게 많이 했다. 그래서 그는 좋은 사람이었을까?

  록펠러는 재산을 축적하기 위해 경쟁회사를 무자비하게 짓밟았고 노동자들을 탄압했으며 독과점을 통해 부당이득을 취했다. 회계직원을 4명이나 따로 두면서까지 정확히 십일조를 했던 것도 세금을 절약하는 수단으로, 나중에는 다시 돌려받을 수 있었기 때문이라는 주장도 있다. 더구나 그는 독실한 크리스천이 아니라 프리메이슨의 우두머리라는 소문까지 나돌았다. 과연 이런 록펠러가 어떻게 보이는가? 긍정적 인물? 부정적 인물? 아는 만큼 평가하고 자신의 평가에 따라 그의 말이 들리기도, 안 들리기도 한다는 사실을 명심하라. 말은 귀가 아닌 가슴으로 듣는다. 극단의 평가를 받는 록펠러도 이런 훌륭한 말을 남겼다.

> 대화를 나눌 때 특히 의견이 엇갈리는 경우 상대방의 심리를 먼저 파악해야 합니다. 상대가 이성적으로 반대할 경우 논리적으로 설득해 풀어나갈 수 있지만 상대가 감정적인 반대를 할 경우 논리적으로 해봤자 반감만 얻으니까요. _록펠러

  말보다 마음이 중요하다는 사실을 명심하라. 풍부한 감성을 자극하고 활용하는 것이 스피치의 첫걸음이다.

스피치의 2요소 : 풍성한 콘텐츠로 무장하라

―

1994년 늦은 저녁식사를 하는 중에 한 프로덕션 사장에게 전화가 왔다.

"내일 뭐해?"

"글쎄, 별일 없어."

"그럼 나랑 같이 부산에 회나 먹으러 갈까?"

"좋지. 회 쳐 먹으러 가자!"

솔직히 나는 회보다 고기가 좋다. 물론 물고기도 고기지만 비린내가 싫어서 그런지 육고기가 좋다. 그래도 부산에 놀러가자니까 따라나섰다. 그런데 비행기 안에서 그가 진실을 털어 놓았다.

"사실은 말이야. 부산에서 회의가 있어."

"회 먹는 게 아니라 회의하는 거야? 그럼 나 내릴래. 이런, 비행기 떴구나. 무슨 회의인데?"

"부산의 한 조선소가 홍보영상을 만드는데 설명회에 오라는 거야. 작가도 한 명 데리고 오래."

"무슨 배를 만드는 건데?"

"오면 설명해준대. 뭐 별로 기대는 안 해. 그래서 회나 먹고 오자는 거야."

공항에 내려서 영도에 있는 회사로 갔다. 설명을 들어보니 동양 최초로 LNG 선을 만들고 있는데 그 과정을 홍보 영상으로 만드는 작업이었다. 그러면서 나에게 '작가님은 어떤 작품을 하셨냐'고 물었다.

"저요? 코미디 일번지, 뽀뽀뽀, 일요일 일요일 밤에……."

그랬더니 ○○중공업 간부들의 얼굴이 좀 일그러졌다. 그래서 이렇게 덧붙였다.

"그러니까 우리나라 처음으로 ○○에서 멤브레인 타입의 LNG 선을 만드시는군요. 축하드립니다. 예전에는 모스 타입이 주를 이뤘는데 아무래도 멤브레인 타입이 리퀴드 내추럴 가스를 액화시켜 저장하면 수송량도 많아서 훨씬 효율적이겠죠. 그럼 기술 이전은 프랑스에서 받으셨겠군요. 고부가가치 선박이니까 앞으로 수주가 많아지면 ○○에 좋은 일 많으시겠네요. 허허허."

이랬더니 관계자들의 얼굴이 밝아지더라. 일주일 후 프로덕션 사장에게 전화가 왔다.

"신 작가, 고마워. 다른 회사들 물리치고 우리가 홍보영상을 따냈어. 하하하."

LNG 선박에 대해 탁월한 지식을 갖춘 작가에게 일을 맡기고 싶다는 것이었다. 그러면 도대체 나는 어떻게 LNG 선박에 대해 다양한 지식을 갖게 됐을까? 부산에 가기 이틀 전 지금은 사라진 조흥은행에 갔다. 기다리기 심심해서 옆에 있던 신문을 집어 들고 아무데나 읽었다. 평소에 잘 읽지 않던 경제면이었는데 거기 LNG 선박에 대한 기사가 있었다. 그때 잠깐 읽었던 내용이 이틀 후 수백만 원짜리 원고료가 될지 어떻게 알았겠는가. 말을 잘하고 싶으면 콘텐츠가 필요하다. 머리에 든 게 차고 넘쳐야 입으로도 흘러넘치는 법이다.

스피치의 3요소 : 논리로 말해야 설득할 수 있다

—

구슬이 서 말이라도 꿰어야 보배다. 머릿속에 지식이 꽉 들어찼어도 이걸 잘 활용하지 못하면 말짱 꽝이다. 가끔 가방끈이 긴 사람과 이야기를 해보면 도대체 무슨 말을 하는지 모르겠는 경우가 있다. 머릿속에 든 건 많은데 말하는 요령이 없다. 이때 필요한 것이 바로 '논리'다.

일본의 아베정권이 역사에 흙탕물을 튀기고 있다. 안보법안을 강행해 자위대를 해외에 파병하려고 한다. 정말 큰일이다. 왜냐하면 일본이 가장 먼저 쳐들어가고 싶어 하는 나라가 바로 대한민국이기 때문이다.

역사는 반복된다. 선조와 고종 때의 침략에 이어서 남북 사이의 군사적 혼란을 틈타 군대를 보낼 것이 분명하기 때문이다. 절대 일본이 침략하는 일은 없을 거라고? 일본은 가라앉는 섬나라이기 때문에 반도를 거쳐 대륙으로 진출하고 싶어 한다. 그래서 조만간 쳐들어온다니까!

내 말을 당신이 믿지 못하겠다면 그건 나의 잘못이다. 내 말에 논리가 부족하기 때문이다. 다시 설명해보겠다. 1945년 일본이 패망해 한반도에서 철수하면서 어떤 일본인이 이런 말을 남겼다.

"우리는 100년 후 다시 돌아올 것이다."

이것도 논리적이지는 않다. 일본인 누구의 말인지도 모르고 또 그 말이 이뤄진다는 보장도 없으니까. 그러면 한 번만 더 설명해보겠다.

조선의 마지막 총독이었던 아베 노부유키는 이런 말을 남겼다.

"우리는 패했지만 조선은 승리한 것이 아니다. 조선이 정신 차리고 위대한 조선의 영광을 되찾으려면 100년이라는 세월이 더 필요할 것이다. 우리는 총과 대포보다 무서운 식민지 교육을 심어놓았다. 결국 조선인 서로 이간질하며 노예로 살 것이다. 그리고 나, 아베 노부유키는 다시 돌아올 것이다."

 군사력이 강할 때마다 일본은 우리나라를 침략해왔다. 임진왜란도 그렇고, 100년 전에도 그렇고. 일본인은 지금이나 그때나 달라지지 않았다. 최근 들어 일본은 더욱 우경화되고 있다. 일본의 군사력이 강해지면 강해질수록 다시 침략전쟁을 일으킬 가능성은 높아지게 된다. 아베 노부유키와 아베 신조. 친척간은 아니지만 이름이 같다는 것도 기분 나쁜 일이다. 아베의 본질을 파악하고 대비하지 못한다면 조만간 일본은 다시 쳐들어올 것이다. 조금은 고개가 끄덕여지면서 수긍하게 된다. 이처럼 상대방을 설득하는 말이나 글을 논리라고 한다. 말을 위한 콘텐츠를 구슬이라고 하면 논리는 그 구슬을 꿰는 실이다. 구슬이 서 말이라도 꿰어야 보배라는 말을 기억하라.

스피츠의 4요소 : 쇼하듯 표현하라

—

대본을 읽는 것보다는 직접 연극을 볼 때 실감이 난다. 시나리오를 읽는 것보다는 극장에서 영화를 보는 것이 훨씬 재미와 감동이 있다.
 내용이 충분하더라도 표현을 제대로 못하면 무용지물이 되는 것이다.

그래서 '표현력'이 중요하다. 표현은 크게 2가지로 나뉜다. 말로 하는 것과 몸으로 하는 것. 말로 하는 것을 발성, 발음이라 하고 몸으로 하는 것을 보디랭귀지라고 한다.

예전에 개그맨 최양락 씨가 하던 '외로운 사냥꾼'이란 코너가 있었다. 멋진 바바리코트를 입고 들어오는 남자의 입에서 나오는 목소리. 한마디로 확 깨는 소리가 난다. "에구구구, 오늘도 망했네."

어린 사람들은 최양락 씨가 누군지 모를 테니까 〈웃찾사〉의 '뿌리 없는 나무'에 등장하는 호연 왕을 떠올려 보라. 지엄한 왕이지만 목소리는 아직도 어린 애의 목소리다.

"무엄하도다. 내 목소리가 아직도 변성기를 지나지 않아 고민이구나."

왕이 왕 같아 보이지 않는다. 표현에서는 목소리의 비중이 상당하다.

발음도 역시 중요하다. 시어머니가 목이 말라서 "나, 물 좀 다오." 그랬더니 며느리가 나물을 가져왔다. "나물 좀 다오"로 들린 것이다. '서울시 장애인 복지회'를 잘못 발음하면 '서울 시장 애인 복지회'가 된다. 영어 발음 때문에 생기는 실수도 많다. 이것은 내가 직접 미국에서 겪은 일이다. 처음으로 미국의 레스토랑에 갔다. 웨이트리스가 다가와 주문을 받았다.

"슈퍼 샐러드?"

난 미국에는 모든 것이 크기 때문에 '슈퍼 샐러드'라는 것이 있는 줄 알았다. 그래서 그걸 먹겠다고 대답했다.

"예스."

그러자 웨이트리스는 다시 물어봤다.

"슈퍼 샐러드?"

나는 또 다시 "예스."

그녀는 멀뚱멀뚱 나를 쳐다봤다. 알고 보니 "Soup or salad?"라고 발음하는 걸 내가 잘못 알아들은 것이었다.

보디랭귀지도 매우 중요하다. 심리학에서 쓰이는 메라비안의 법칙(상대로부터 받는 이미지는 시각 55%, 청각 38%, 말의 내용은 7%에 불과하다는 법칙)을 거론하지 않더라도 실생활에서 자주 느끼게 된다. 얼굴 표정에 따라 말의 전달력이 완전히 달라진다.

(화내며) "너를 보면 정말 미치겠어."

(웃으며) "너를 보면 정말 미쳐버리겠어. 아우, 콱 깨물고 싶어."

스티브 잡스의 프레젠테이션도 그의 구부정한 걸음걸이를 포함해서 동작 하나하나가 잘 짜인 각본이다. 만약 그의 표정이나 동작을 보지 않고 말만 들었다면 감동이 반감됐을 것이다.

구슬이 서 말이라도 꿰어야 보배라는 말을 했다. 그 구슬을 더욱 빛나게 보이는 방법은 보석함에 넣어두는 것이 아니라 아름다운 사람의 목에 걸어주는 것이다. 표현력은 생생한 쇼다. 눈에 확 띄어야 하고 타인에게 잘 보여야 한다. 그러면 어떻게 쇼를 성공시킬 수 있을까? 간단하다. 재미있으면 된다. 재미가 관건이다. 말도 그렇다. 재미있는 말이 오래 기억된다. 오죽하면 재미가 없으면 의미도 없다고 했을까?

스피치의 5요소 : 유머 있는 말이 오래 기억된다

―

유머는 한마디로 사람을 즐겁게 해주는 재치 있는 말이나 행동을 말한다. 많은 사람이 유머감각은 선천적인지, 후천적인지를 내게 물어본다. 내 경우를 보면 선천적인 것 같다. 왜냐하면 어머니가 남을 잘 웃기셨다. 개그맨의 부모를 만나보면 어머니든 아버지든 한쪽은 유머감각이 풍부하다. 이런 걸로 봐도 유머감각은 어느 정도 유전적인 영향이 있는 듯싶다. 그렇다고 좌절하지는 마라. 후천적인 노력으로도 가능하다.

아이들이 태어나면 산부인과 의사들이 갓난아이의 엉덩이를 때린다. 이걸 세 글자로 뭐라고 하나? 정답은 '생일빵!' 방금 웃었는가? 그렇다면 앞으로 누구 생일이나 빵을 보면 이 농담이 떠오를 것이다. 웃음은 기억하기 쉽게 만드는 보조제다. 임진왜란이 일어난 해는 몇 년? 1592년이다. 이걸 잊을 수 없는 이유는 국사 선생님 때문이다.

"당파 싸움만 하고 있으니 일본이 침략해오지. 이러구 있으니 전쟁 난다구. 일오구이."

크게 웃고 난 뒤로 지금까지 잊히지 않는다. 나를 웃겼던 말도 기억나지만 반면에 화나게 했던 말도 오래간다. 당신은 어느 쪽을 택하고 싶은가? 웃으면서 기억할까? 화내면서 기억할까?

끝내주는 한마디를 위해 필요한 요소는 5가지다. 이걸 이렇게 외워보라. 사랑스럽고 멋진 남자가 있다. 감성이 뛰어난 사람이다. 아름다운 진주라

는 콘텐츠를 손에 들고 있다. 이 진주를 논리라는 실로 엮었더니 멋진 진주 목걸이가 된다. 이것을 사랑하는 여인의 목에 걸어줘서 다른 사람들이 볼 수 있도록 한다. 이것이 표현력이다. 그리고 유머 있는 한마디를 한다.

"돼지 목에 진주 목걸이구만."

아니, 이러면 안 된다. 이건 유머가 아니라 독설이니까.

"진주가 드디어 공주를 만났네요."

이것이 바로 상대방을 미소 짓게 만드는 끝내주는 한마디가 되는 것이다. 밀가루 반죽을 붕어빵 틀에 넣으면 붕어빵이 되고, 국화빵 틀에 넣으면 국화빵이 된다. 당신의 말을 감성, 콘텐츠, 논리, 표현력, 유머의 5가지 틀에 넣으면 별처럼 빛나는 끝내주는 말로 둔갑하는 것이다.

> **신상훈의 핵심톡킹 2**
>
> 어떤 질문에도 당당하게 말을 잘하는 사람은
> '감성, 콘텐츠, 논리, 표현력, 유머'라는 도구를 잘 활용한다.

PART 2

질문을 활용하여 스피치를 단단하게 하라

당당한 스피치를 위한 10가지 요소

TALK 3

감성으로 접근하라

감성지능은 어떻게 높일 수 있을까

한 프로그램의 방송 녹화에 앞서 바람잡이 개그맨이 이렇게 말했다.

"다음 사람들의 공통점은 무엇일까요? 송혜교, 송해, 송대관. '성이 송이다'라고 말하면 화낼 겁니다. 힌트 드리겠어요. 정답은 세 글자입니다. 맞추신 분께는 선물 드립니다. '좋은 사람들'에서 협찬한 보디가드 속옷입니다. 남성분이 맞추면 착불로 보내드리고 여성분이 맞추면 제가 직접 입혀드립니다." (정답 : 성동일)

오래전부터 개그맨들이 행사에서 주로 하던 멘트였다. 주병진 씨가 사장으로 있던 '좋은 사람들'을 위해 후배들이 이렇게 홍보해준 것이다.

그런데 정작 주병진 씨는 안 좋은 사건에 휘말려 오랜 세월 마음고생을 했다. 그때 박미선, 이성미, 이경실 씨 등이 백방으로 뛰어다니면서 그의 결백을 주장하기도 했다.

아무리 선배라도 평소에 주병진 씨가 후배들에게 신임을 얻지 못했다면 불가능한 일이었을 것이다. 우리는 좋은 사람과 말하고 싶어 한다. 나쁜 사람과는 같이 있기도 싫다. 회식이나 동창 모임에 나가면 되도록 좋은 사람 옆에 앉게 된다. 물론 변호사는 예외다. 그들은 나쁜 사람과 함께해야 돈을 더 많이 버니까. 말을 정말 잘하고 싶은가? 그러면 좋은 사람이 되라. 이 책이 CEO을 위한 스피치 교육에 초점을 맞춰 쓰이긴 했지만 그렇다고 CEO만을 위한 책은 아니다. CEO를 목표로 하는 모든 직장인과 청장년에게 필요한 내용이다. 회사 사장만이 CEO가 아니다. 학교, 가정, 동창회, 각종 모임 등 사람들을 이끌고 리드해갈 사람이라면 누구나 CEO다. 그런 CEO에게 가장 필요한 것은 리더십이다. 그 리더십의 기본 자질이 무엇인지 아는가?

> 감성지능Emotional Intelligence이 리더십의 기본 자질이다.
>
> —다니엘 골먼Daniel Goleman

하버드 교수이자 심리학자인 다이엘 골먼은 감성지능을 강조했다. 감성지능이 높은 사람들은 상대방의 감정을 느끼고 파악하는 공감능력이 뛰어나기 때문에 공통의 비전을 설정하는 데 유리하다. 그리고 효율적인 팀워크를 형성해 창의적으로 업무를 추진한다. 아울러 성공의 결과로 생긴 열매는 고르게 분배되도록 배려한다. 만약 실패를 하더라도 좌절하지 않고 되돌아보며 새로운 대안을 제시해 낙오자가 생기지 않도록 격려와 배려를 아끼지 않는다. 결국 감성지능이 높아야 공감능력이 활성화되고 좋은 CEO가 될 수 있는 것이다.

그러면 감성지능이 높은 사람들은 어떤 특징이 있을까? 다음의 4가지로 정리해봤다.

감성지능이 높은 사람들의 특징

- 자신의 가치를 믿고 존중하는 능력 = 자신감
- 충동을 자제하고 불안, 분노 같은 감정을 제어하는 능력 = 자제력
- 실패해도 자신을 격려하고 다시 시작하는 능력 = 회복탄력성
- 타인의 감정에 공감하고 상대와 조화를 이뤄 협력하는 능력 = 배려심

자신감, 자제력, 회복탄력성, 배려심의 공통분모는 무엇일까? 공감을 바탕으로 신뢰를 주는 사랑이다. 결국 사랑이 넘치는 사람이 감성지능이 높은 사람인 것이다. 그렇다면 과연 여러분은 사랑이 넘치는, 그래서 남들에게 좋은 사람이라는 평을 받는, 다시 말해 감성지능이 높은 편인가? 자신의 감성지능을 테스트하는 사람은 그리 많지 않다. 필요성도 모르는데 테스트까지 하겠는가.

여기서 잠깐! 왜 스피치 교육을 하면서 감성이니 사랑이니 뜬구름 잡

는 얘기를 하냐고 불평하는 분이 아직도 있는가? 다시 한 번 강조하지만 스피치는 스킬이 아니라 '킬', 즉 죽이는 한마디를 찾아가는 과정이다. 말 한마디가 천 냥 빚을 갚는 수준을 넘어 이제는 말 한마디가 천 명을 살리는 시대가 되었다. 말 한마디로 당신을, 세상을 변화시켜야 한다. 그러기 위해서는 "가나다라마바사, 가갸거겨……" 이런 발음이나 발성 훈련도 필요하지만 근본적으로 당신이 '무엇을', '왜' 표현하는지가 더 중요하다.

남이 써준 연설문을 아무리 잘 읽어도 내 말이 아니다. 유명 강사에게 면접 요령을 배우고 익혀봤자 현장에서는 덜덜 떨게 된다. 경청에 대한 책을 여러 권 읽어봤지만 막상 회의 시간에 당신만 떠들고 있지 않은가?

말은 입에서 나오는 소리가 아니라 내면에서 나오는 울림이다. 그러니까 소림사에 들어가서 "권법은 안 가르치고 왜 부엌일만 시키냐"고 투정부리지 말고 차근차근 따라 해보라. 그러면 이 책을 놓는 순간, 나도 모르게 끝내주는 한마디를 할 수 있는 스피치의 달인이 될 수 있을 테니까. 우선 당신의 감성지능부터 확인해보자.

감성지능 테스트

1. 극장에서 영화가 끝난 뒤 쓰레기를 들고 나온다.
2. 건널목 신호등이 깜빡이면 뛰어서 건넌다.
3. 화장실에서는 항상 손을 씻고 나온다.
4. 엘리베이터에 타자마자 항상 닫힘 버튼을 누른다.
5. 뷔페에 가면 음식을 남기지 않고 빈 접시가 되도록 먹는다.

6. 담배를 피운다.

7. 복사기의 종이가 떨어지면 채워 넣는다.

8. 상대방의 말이 끝나기 전에 먼저 말할 때가 있다.

9. 내 앞으로 들어오는 차에게 양보하는 편이다.

10. 수영장에서 몰래 볼일을 본 적이 있다.

홀수 질문에 체크가 되어 있으면 플러스 20점, 짝수 질문에 체크가 되어 있으면 마이너스 20점을 하라. 너무 높다고 뻐기지도 말고 낮다고 실망하지도 마시라. 공식적으로 인정받은 테스트가 아니라 내가 만든 것이니까. 그래도 홀수 질문에 체크가 많은 사람은 감성지능이 높아 남을 배려하는 편이고, 짝수 질문에 체크가 많은 사람은 감성지능이 다소 떨어지는 이기적인 편이다. 이제 감성지능을 높이는 것이 관건이다. 그러나 너무 걱정하지 마시라. 폴 에크만이란 인류학자가 이런 멋진 말을 남겨놨으니까.

> 우리는 거의 '무의식적'으로 다른 사람의 감정 상태를 알아낸다. 의식적으로 타인의 감정 상태를 인식하는 훈련을 하면 감성지능을 높일 수 있다. 새로운 기술을 배우는 것이 아니라 '무의식을 인식'하면 된다. 감성지능이 활성화되면 문화적·언어적 장벽을 극복할 수 있다. _폴 에크만 Paul Ekman

예를 들어보자. 집에 돌아온 아들, 숙제는 안 하고 컴퓨터 게임만 한다. 대한민국의 대부분의 가정에서 자주 벌어지는 저녁 풍경이다.

PART 2 · 질문을 활용하여 스피치를 단단하게 하라이때 엄마가 방문을 열고 들어온다.

엄마 : 아들 뭐하는 거야?

아들 : (재빨리 게임 화면을 내리며) 숙제하려고 검색하고 있어요.

엄마 : 게임하는 거 아니야?

아들 : (목소리 커지며) 아냐, 숙제하는 거라니까!

아들이 왜 화를 낼까? 엄마의 표정과 말을 듣는 순간 모든 걸 파악했기 때문이다.

'아, 잘못하면 죽겠구나.'

숙제를 한다고 말하지 않으면 자기가 혼날 것을 본능적으로 아는 것이다. 화를 내는 건 좀 유치한 반응단계다. 노련한 아이들은 이렇게 반응한다. "에이, 참…… 자기 아들을 그렇게 못 믿어서 되겠어요, 어마마마?"

상대의 반응을 인식하고 읽는 능력 그리고 조절 능력이 뛰어나면 반응도 잘하게 된다. 이래서 수행을 하는 사람들은 반응이 훌륭한 것이다. 감정 조절 능력이 뛰어난 스님의 예를 살펴보자.

한 스님이 명상하는 중에 다른 스님이 옆에서 잠을 자고 있었다. 잠시 후 코까지 골더란다. 코고는 소리가 들리니 명상에 얼마나 방해가 되겠는가? 슬슬 짜증이 나면서 나중에는 콧구멍을 신문지로 꽉 막아버리고 싶다가 결국 패 죽이고 싶어졌다. 스님은 그런 자신의 감정 상태를 인식하고 반성하며 자신을 돌아봤다. 자신도 피곤하면 코를 곤다는 생각을 한 것이다. 그렇게 동조하면서 스스로 마음을 조절했다.

'얼마나 피곤하면 저럴까. 저 스님이 우리가 먹을 양식을 아랫마을부터 지고 올라왔으니 피곤한 게 당연하지.' 그렇게 이해를 하니까 그 스님이 너무 고맙게 느껴졌다. 그래서 다음 날 코를 곤 스님을 위해 밥을 지어주기까지 했다는 얘기가 있다.

이번에는 한 성당의 신부님과 관련된 실화다. 성당 옆에 교회가 나란히 있었는데 항상 주차 문제로 시비가 붙었다. 그러자 신부님 왈 "성당에 오는데 왜 차를 가지고 옵니까? 우리 성도들은 차를 가져오지 마세요. 억울하세요? 그러면 교회 다니세요." 그런데 문제가 더 심각해져서 이번에는 교회 사람들이 항의를 하러 왔다. 그러자 신부님은 커피 한 잔씩을 돌리면서 "왜 힘들게 여기까지 오셨어요. 그냥 견인하세요" 하고 쿨하게 달랬다. 이번엔 교회 사람들이 성당 앞에서 전도를 하며 물티슈를 돌렸다. 그걸 보고 화를 내는 천주교 신자들에게 "불쾌해하지 마세요. 성당 다닌다고 하지 말고 그 물티슈를 받으세요. 얼마나 착한 사람들입니까? 요즘 같은 세상에 누가 공짜로 물티슈를 주나요" 하고 받아넘겼다.

이처럼 감성지능이 높아 상대방의 마음을 읽을 수 있는 사람들의 입에선 향기가 나온다. 반대로 감성지수가 떨어지는 사람 입에선 쓰레기가 쏟아진다. 말을 정말로 잘하고 싶은가? 그러면 우선 감성지수를 높여야 한다. 신부님도 처음부터 감성적인 대화를 했던 것은 아닐 것이다. 학습된 결과다. 그래서 학습이 중요한 것이다. 그렇다면 과연 학습은 어떻게 시작될까? 바로 '따라 하기'로 시작된다. 큰 소리로 읽어보라. 따라 하기!

관찰-모방-학습-공감의 '거울뉴런'을 활용하라

이탈리아의 지아코모 리촐라티Giacomo Rizzolatti 교수는 원숭이에게 특정 행동을 시키고 뇌를 관찰했다. 그 결과 특정 뉴런이 반응하는 것을 관찰할 수 있었다. 그런데 이런 행동을 다른 원숭이에게 보여줬더니 그 원숭이의 특정 뉴런도 똑같이 반응하더란다. 그러니까 다른 사람을 관찰하는 것만으로도 학습이 이뤄진다는 것을 밝혀낸 것이다. 다시 말해서 관찰하고 모방하면 학습이 이뤄진다는 말이다.

모방에 관여하는 것은 대뇌에 있는 '거울뉴런Mirror Neurons'이다. 원숭이 앞에서 아이스크림을 들고 있으면 원숭이도 그걸 들고 있는 듯한 포즈를 취한다. 거리에서 한 사람이 하늘을 멍하니 쳐다보면 다른 사람들도 그를 따라 한다. 이처럼 누군가 어떤 행동을 하면 사람들은 그 행동을 따라 하는 본능이 있다. 그 행동을 지켜보는 것만으로도 행동하는 사람과 똑같은 감정적 반응을 일으킨다. 결국 다른 사람의 행동을 지켜보는 것만으로 똑같은 감정을 불러 일으켜서 공감하게 되는 것이다.

정리하자면 관찰을 통해 모방하고 그것으로 학습이 되면 공감이 이뤄진다는 것이다. 관찰이야말로 공감의 시작이 되는 셈이다.

공감이란 무엇일까? 관찰 대상에 자아를 투사해 그 대상을 완벽하게 이해하는 힘을 말한다. 인간은 성장할수록 대뇌피질의 활동성이 강해지는데 이것이 우리의 공감능력을 억제한다. 이렇게 공감에 방해를 주는 잡음을 '이성' 또는 '논리'라고 부른다. 그래서 이성이 발달하면 할수록 공감능력은 오히려 떨어지는 것이다.

어릴 때는 무조건 엄마에게 매달려 "엄마, 엄마"를 외치던 아이들이 주변 친척들이 농담 삼아 "너 다리 밑에서 주워왔다"고 하면 슬슬 의심하기 시작한다. '이 여자가 진짜 우리 엄마 맞나? 날 때릴 때 보면 계모 같단 말이야.'

주변에서 이성적이거나 논리적인 것만 좋아하는 사람을 떠올려 보라. 그들의 말이나 행동에서는 공감능력이 떨어진다는 걸 느낄 수 있을 것이다. 세월호 사고가 터졌을 때 모든 국민이 눈물 흘리며 가슴 아파 했다. 세월이 지난 지금 사람들의 태도는 어떤가? 아직도 잊지 못하고 안타까워하는 사람이 있는 반면에, '이제 그만해라', '유족이 벼슬이냐', '왜 정부 탓을 하느냐 정부가 뭘 잘못했다고', '국가를 지키다가 죽은 장병들보다 왜 보상금이 많은가, 놀러가다가 죽은 건데' 하고 매몰차게 말하는 사람들도 많다. 이들의 공통점이 바로 공감능력이 떨어진다는 점이다.

강화도를 가다보면 만나게 되는 설렁탕집이 하나 있다. 맛도 좋고 인심도 좋은 곳이라 사람들이 많이 찾는다. 하루는 관광버스 두 대가 들어와 사람들이 식당으로 가는 도중에 한 사람이 식당 주변에 걸려 있는 '노란 리본'을 보고 이렇게 말했다. "야, 딴 데 가자. 여기 종북인가 보다."

식당 주인은 할 말을 잃었다. 세월호 희생자들이 돌아오기를 바라는 마음에서 걸어놓은 노란 리본이 '종북 딱지'가 되는 우리나라의 현실이 답답했다. 그래서 한 팟캐스트 진행자에게 이 사실을 이메일로 알렸고,

방송을 타게 됐다.

"우리가 돌아간 두 대 버스 분량의 설렁탕을 팔아줍시다."

그날 하루 동안만 천 그릇 이상의 주문이 들어왔다는 후일담을 들려줬다. 공감능력은 이런 것이다.

운전 중에 갑자기 차 앞으로 유치원생이 공을 잡으려고 뛰어들었다. 급브레이크를 밟아서 다행히 사고는 일어나지 않았다. 바로 그 순간 당신이 그 차의 운전자였다면 어떤 말이 입에서 튀어 나왔을까?

"야! 죽으려고 환장했어?" 아니면 "어디 다친 데는 없니?"

튀어 나오는 말의 차이가 바로 공감능력의 차이다.

공감해야 기억된다

―

공감이 안 되는 대표적인 예가 바로 교장선생님의 훈화다.

"끝으로…… 마지막으로 한마디만 더하자면……."

아이들이 운동장에서 픽픽 쓰러져도 교장선생님의 훈화는 그칠 줄을 모른다. 나에게도 아픈 흑역사가 있다. 중학교 조회시간에 운동장에서 쓰러진 것이다. 그때 나는 이 한마디를 남기고 쓰러졌다.

"내가 (할리우드 액션으로) 쓰러지는 걸 선생님이 알게 하지 말라. 으~."

초중고 시절을 지나며 그렇게 많은 교장선생님의 훈화를 들었지만 기억에 남는 말이 하나도 없다. 아니, 딱 하나 있기는 하다. 바로 고등학교

졸업식에서 김학찬 교장선생님이 하신 말씀이다.

"학교에서 가르칠 것은 다 가르쳤다. 이제 사회로 나가서 당당하게 싸워라. 배재 파이팅!"

빨리 끝내기를 바라는 학생들의 마음을 공감해주는 말, 졸업식에 딱 어울리는 짧은 말, 그래서 지금까지도 오래 기억되는 말, 동창회를 통해 만난 동기들도 그날의 훈화를 대부분 기억하고 있었다. 적어도 짧았다는 것은 모두 기억하더라. 그때 우리 동기들은 좋은 교훈 하나를 배운 것이다.

'마이크 잡으면 짧게 말하자.'

당신은 사람들과 공감하는가? 가족들, 팀원들과 공감하고 있는가? 공감을 통해 같은 마음과 느낌을 공유해야 소통이 된다. 소통이 안 되는데 말만 많아지면 그걸 수다 또는 잔소리라고 한다. 말은 상대와 소통하고자 하는 낮고 넓은 마음에서 시작된다.

신상훈의 핵심톡킹 3

감성지능을 키우는 4가지 방법
1. 자신의 가치를 믿고 존중하는 능력인 자신감을 키워라.
2. 충동을 자제하고 불안, 분노 같은 감정을 제어하는 능력인 자제력을 키워라.
3. 실패해도 자신을 격려하고 다시 시작하는 능력인 회복탄력성을 키워라.
4. 타인의 감정에 공감하고 상대와 조화를 이뤄 협력하는 능력인 배려심을 키워라.

TALK 4

공감, 신뢰, 사랑은 성공의 삼두마차

10여 년 전부터 연말마다 LA에서 행사 사회를 보고 있다. 몇 년 전 일이다. 밤 9시 반에 다운타운에서 행사를 끝내고 공항에 간신히 도착해 마지막 손님으로 비행기에 올라탔다.

나는 비즈니스석을 탈까, 이코노미석을 탈까? 물론 이코노미석이다. 왜냐하면 출발과 도착시간이 똑같으니까 아껴야 한다. 그래서 KTX를 탈 때도 일반석 역방향을 탄다. 아껴야 잘산다. 이날도 일반석 내 자리를 찾아갔는데…… 그런데, 그런데, 내 자리에 어떤 여성분이 앉아 있는 거다. "아니, 왜 남의 자리에 앉으세요? 번호표도 제대로 못 봐요?"라고 말하면 공감능력이 떨어지는 거다. 당연히 나는 이렇게 말했다.

"제 자리를 맡아주셨군요. 주인이 왔습니다. 하하하."

그랬더니 자기 자리라는 거다. 이럴 때 승무원에게 항의를 해야 할까, 말아야 할까? 당연히 해야 한다. 안 하면 인천까지 서서 와야 하니 말이다.

"어떻게 하죠? 제 자리가 더블된 것 같은데……."
"어머, 죄송해요."
"그럴 수도 있죠. 저 여성분만 괜찮다면 무릎에 앉아가도 됩니다."

승무원은 웃으면서 나를 데리고 2층으로 올라갔다. 거기서 한양대학교 총장을 만나게 되고, 그분 옆에 앉아 우스갯소리를 나누다가 특강을 가게 되고, 그게 인연이 되어 한양대학교에서 특강을 하고, 사이버대학원에서 '전략적 스피치론'을 가르치고, 작년에는 특임교수까지 됐다. 만약 내가 비행기 좌석이 중복됐다고 화를 냈다면 어떻게 됐을까? 아마도 나는 이코노미석에 앉아서 오고 거기 있던 여성분이 비즈니스석으로 갔을 것이다. 그러면 그 여성분이 총장님과 대화를 하고, 특강을 하고, 교수가 되고, 이 책을 쓰고 있을 것이다.

믿기지 않겠지만 나는 IQ가 무척 낮다. 그러나 EQ는 무척 높다. 그 덕분에 이런 자리에 있는 것이라 믿는다. 감성지능이 높으면 공감능력이 높아지고, 공감능력이 높아지면 신뢰가 쌓인다. 신뢰를 바탕으로 사랑이 싹트는 것이다.

공감, 신뢰, 사랑
기억하라. 당신을 성공으로 이끄는 세 마디의 말. 공감, 신뢰 그리고 사랑.

우선 공감을 높이는 대화법을 알아보도록 하자.

공감을 이끌어내는 대화법

• 입장 바꿔 생각한다

공자님 말씀에 '더 많이 알수록 더 많이 용서한다'고 했다. 입장을 바꿔 생각하면 상대방의 상황과 마음을 이해할 수 있다. 이것이 공감의 첫걸음이다. 나의 할머니는 항상 '그륵그륵' 트림을 심하게 하셨다. 어린 나는 그게 귀에 거슬렸다. "할머니 더러워, 저리 가." 한번은 할머니를 밀쳐내기까지 했다. 그런데 내가 나이 들어서 어느 날 병원에 갔더니 역류성 식도염이라는 거다.

내가 소화가 안 돼서 '그륵그륵' 트림을 수없이 해보니까 이해가 됐다. "할머니가 얼마나 힘드셨을까……." 그제야 할머니에게 너무 미안했다. 이미 떠나셨으니 용서를 구할 수도 없고…….

만약 입장 바꿔 생각하는 능력이 지금처럼 뛰어났다면 '할머니 힘들겠다, 내가 등을 두드려 드릴까?' 이랬을 텐데…….

지각한 부하 직원에게 "왜 늦었어?" 통 하고 뱉는다.
"월요일이라 길이 막혀서……."
"월요일에 길 막히는 거 몰라? 그러니까 더 일찍일찍 나왔어야지."
이렇게 말하기보다 다음과 같이 말하면 어떨까?

"월요일이라 길이 많이 막혔을 거야. 집이 안양이라고 했나? 멀긴 멀구먼. 그래도 평양보다는 낫잖아. 빨리 돈 벌어서 가까운 서초동에 아파트 사라고."

• 나를 먼저 드러낸다

다짜고짜 질문부터 하는 사람이 있는데 그러면 상대방은 방어를 하게 된다. 이야기의 시작은 자기를 드러내는 것이다. 한번은 비행기에서 옆 사람과 이야기를 나누었다.

"어디까지 가세요?"

"이거 제주도 가는 비행긴지 몰라요?"

찬바람이 쌩 불었다. 그다음부터는 옆 좌석 승객에게 말을 잘 안 건다. 외국인과는 자연스러운 대화가 가능한데 같은 나라 사람끼리는 아직까지 좀 불편하다.

한번은 외국 여성이 내 옆에 앉고 그 옆으로 외국 남성이 앉았다. 외국인끼리 서로 인사하고 말을 하다가 남성이 여성에게 이런 말을 했다.

"제가 코를 좀 곱니다. 너무 심하다 싶으면 살짝 흔들어 깨워주세요."

"괜찮아요……. ^^"

이때다 싶어서 나도 이렇게 말했다.

"사실은 저도 코를 좀 곱니다. 아가씨는 오늘 스테레오로 듣게 생겼네요."

중간에 낀 그 아가씨는 LA로 가는 12시간 동안 코고는 소리를 서라운

드로 들으며 스트레스를 받았을 것이다. 만약 사전 예고마저 없었다면 스트레스 이상의 분노를 느꼈을지 모른다. 자신을 먼저 드러내면 상대방과 공감대가 형성된다.

"저는 홍길동입니다."

이름만 말하고 입을 다물어 버리지 말고 자기를 드러내 보라.

"저는 아버지를 아버지라 부르지 못하고 형을 형이라 부르지 못하고……."

• 과장과 은폐의 유혹을 뿌리쳐라

공감대를 형성하는 대화에서 가장 중요한 것은 자기 이야기를 털어놓는 것이다. 그런데 가끔은 과장하거나 거짓말로 포장하려는 유혹에 빠진다. 미국에는 거짓말 잘하는 직업으로 3가지를 꼽는다. 정치인, 변호사 그리고 자동차 세일즈맨.

한국은 자동차가 정찰제지만 미국은 밀고 당기는 딜을 해야 한다. 딜을 잘하면 똑같은 차를 수백만 원 이상 싸게 살 수 있다. 미국에 유학 가서 처음으로 플로리다에서 차를 살 때 세일즈맨이 했던 말 중에 "하이, 나이스 투 미트 유" 빼고는 전부 거짓말 같았다.

이영권 박사의 《내 인생 최고의 멘토》라는 책을 보면 조지 브라운이란 자동차 세일즈맨 이야기가 나온다. 가난하게 태어났지만 1천만 달러 이상의 수익을 올려 판매순위 5위 안에 든 이 사람의 성공 비결은 정직이다. 5시에 일어나 운동하고, 9가지 이상의 신문을 읽고, 책도 많이 읽고, 하루 2시간 이상 고객들에게 직접 편지를 쓰고, 약속시간 30분 전에 도착해서 기다리고, 항상 메모를 하는 세일즈맨이다. 그중에도 가장 감동적인 부분은 그의 주차장이다. 만나는 사람에 따라서 타고 갈 자동차가 다섯 대쯤 있다고 한다.

고객들의 눈높이에 맞춰서 차를 소개하는 것이다. 고급차를 타고 가서 "경차 좋아요, 좋아." 이럴 수는 없는 것 아닌가? 자신이 직접 경차를 타고 가서 그 차의 장단점을 솔직히 소개해야 고객들도 만족할 테니까.

"나는 거짓말은 안 해. 그냥 조금 살짝 편집하고 각색할 뿐이지"라는 생각도 하지 마라. 바늘 도둑이 소도둑 된다는 말이 있다. 발 없는 말이 천 리 가고, 거짓말은 결국 천벌을 받는다.

• **기록이 아닌 기억으로 말하라**

"여러분께 사과드립니다, 진심으로 뉘우치고 있습니다."

누가 써준 연설문을 읽는 CEO나 정치인의 모습에서 진심이 느껴지는가? 그런데 우리나라에서는 이런 모습을 자주 볼 수 있다.

자기 딸의 문제로 사과를 하게 된 대표가 있었다. 그가 읽던 연설문에 '고개를 숙이며', '잠시 포즈를 취하고' 이런 지문이 있었는데 그걸 TV 화면으로 본 국민들의 마음은 어땠을까.

말과 글은 다르다. 글을 읽는다고 말이 되는 것이 아니다. 그런데 아직도 우리나라 CEO들은 홍보실이나 비서가 써준 연설문을 그저 줄줄 읽는 분들이 많다. 물론 그렇게 해야 할 때도 있다. 공식석상에서 문장 하나, 단어 하나가 중요한 순간에는 미리 써온 연설문을 또박또박 읽어야 한다. 스티브 잡스도 스탠포드대학에서 졸업 축사를 할 때 15분 동안 연설문을 읽었지만, 그 글은 그가 직접 작성한 것이다. 중간중간 연설문을 살펴봤을 뿐이지 처음부터 끝까지 고개를 박고 읽어내려 가지는 않았다.

CEO는 리더다. 리더는 앞에서 이끌어 가는 사람이지 읽는 사람reader이 아니다. 이끌어 가기 위해서는 시선이 중요하다. 시선은 메모가 아니라 미래를 향해야 한다. 글은 기록하고, 말은 기억으로 해야 한다.

신뢰를 이끌어내는 대화법

• 공동의 목표를 뚜렷이 제시한다

어느 회사의 사훈이다.

'직원을 가족같이'

그런데 직장 내 분위기가 이상하다. 음침할뿐더러 잘 웃지도 않고 침울하다. 다음에 그 회사에 갔더니 사훈에서 '가'자가 떨어져 있더라.

'직원을………'

농담이지만 완전히 뻥은 아니다. 가족 같은 분위기를 강조하는 기업일수록 분위기가 별로다. 왜 그럴까? 사장은 직원을 그저 가족처럼 싸게 부려먹고 싶은 거다. 직원들은 사장을 못된 아버지인 양 피해버린다. 신뢰의 시작은 공감이다. 서로 공감해주면 서로를 믿게 된다. 그런데 믿음은 내가, 신뢰는 남이 믿어줘야 한다. 그래서 신뢰가 쌓인다고 표현한다.

남녀관계로 비유해보자.

"오빠 믿지? 우리 저기서 잠깐 쉬었다 갈까? 손만 잡고 잘게. 대실 2만 원? 방이 아주 큰가 봐, 대실······."

이 구태의연한 대사는 오늘밤에도 누군가가 하고 있을 것이다. 남녀 사이에 공통의 목표가 뚜렷하면 신뢰는 쌓인다. 그러나 여자의 목표는 결혼이지만 남자의 목표는 그저 하룻밤이라면 신뢰가 쌓일까? 그래서 CEO는 사내 신뢰를 쌓기 위해 공통의 목표를 정확하고 뚜렷하게 제시해야 한다. 그것은 집이라면 가훈, 직장이라면 사훈이 되겠다.

스피치에서도 같은 목표를 바라보는 대화법이 중요하다.

"아니, 아직도 끝내지 못한 거야? 오늘 안으로 야근을 해서라도 당장 목표량을 맞추란 말이야. 내일 당장 선적해야 한다니까! 김 과장, 오늘 중으로 끝내지 못하면 당신도 끝인 줄 알아!"이러고 사장이 술 마시러 나간다면 어느 직원들이 열심히 일을 할까? 사우스웨스트 에어라인의 허브 캘러허 회장은 추수감사절같이 바쁜 날에는 자신도 직접 공항에서 수하물을 날랐다고 한다.

• 믿음은 들음에서 온다

신약 성경에 이런 말이 있다.

"그러므로 믿음은 들음에서 나며······."(로마서 10:17)

한 직장 동료가 이렇게 말했을 때 여러분은 어떤 반응을 보이는가?

"나 회사 그만둘래."

① 왜? 누구랑 싸웠어? (원인 파악형)

② 어디 좋은 데 가는구나. (예측형)

③ 요즘 재취업이 얼마나 힘든지 몰라? (현실형)

④ 앞으로 뭐할 건데? (분석형)

⑤ 네가 알아서 해. (방임형)

⑥ 그래? (청취형)

가장 좋은 반응은 몇 번일까? 물론 6번이다. 들음은 상대방의 말을 분석하거나 이해하거나 토론하기 위해서가 아니라 상대방의 기분을 공감하기 위한 첫걸음이다.

"그래? 무슨 일인지 털어놔 봐."

말을 잘하는 사람들이 가장 잘하는 것이 경청이다. 이것만 따로 떼서 강의를 해도 2박 3일은 걸릴 것이다. 사실 경청이 제일 어렵다. 말을 배우는 건 1~2년이면 되는데 말 안 하는 걸 배우는 데는 평생이 걸린다. 그래서 경청의 요령에 대해 설명하려고 한다.

"셧 업 앤드 리슨, 오케이 Shut up and Listen, OK?"

당신이 듣지 않으면 상대방도 듣지 않는다.

- **타인을 먼저 배려한다**

배려는 일단 상대방을 위한 것이다. 상대방의 입장에서 그를 먼저 생각해주고 위해주고. 그러면 상대방의 마음은 열리게 되고 그도 당신을 위해 배려해준다. 그렇게 되면 모두가 다 함께 공동의 이익을 얻게 되는 것이다.

배려를 위한 말을 다른 말로 표현하면 '맞장구'다.

"맞아, 맞아. 그렇지. 내 말이……."

조금 더 고급스러운 맞장구가 있다. 상대방의 마음을 헤아려서 하는 말이다. 치과에 온 아이에게 "뭐가 무섭다고 그래!"라고 말하기보다는, "여기 오기 싫었지? 그래도 나중에 온 거보다는 지금 온 게 훨씬 잘한 거야!" 남아서 잔업을 하는 직원들에게 "뭐가 힘들다고 그래? 일이 없어서 놀아볼래?"라고 말하기보다는 "오늘도 늦게까지 힘들지? 일이 많아 제때 퇴근 못 하게 해서 미안해요"라고 해보면 어떨까?

- 내일을 긍정적으로 선언한다

리더는 목표를 설정하는 사람이다. 그리고 그 목표를 공유해야 한다. 그 목표가 긍정적일 때 사람들은 리더를 따라간다. 신뢰도 마찬가지이다. 그 최종 목적지가 긍정적일 때 마음이 움직인다. 네일숍을 오픈한 사람이 있다. 다들 부정적으로 말렸다.

"그게 될까? 이미 너무 많은데……."

그런데 여사장은 '내 일은 잘될 거야'라고 항상 말하고 다녔다.

막상 오픈을 했는데 잘 안 됐다. 그래도 항상 잘될 거란 생각을 가졌다. 그런데 네일 일을 하다 보니까 손님들과 이런저런 인생 상담을 하고 있는 자신을 발견하게 되었다. 이 사장은 약간 신기가 있다고 할까? 손톱에 부적 같은 그림을 그려주기 시작했다.

"이 나비가 행운을 불러올 거야. 이 꽃이 부정 타는 걸 막아준다니까."

부적이라는 차별성을 무기로 네일숍은 잘되기 시작했다. 생각이 팔자고, 말이 씨가 된다. 긍정적으로 말하면 긍정의 힘이 솟기 마련이고 이는 제법 전염성과 성취도가 강하다.

영국의 철학자 조지 무어의 말을 기억하라.

'우리는 과거의 집착보다 미래의 희망으로 살고 있다.'

사랑을 이끌어내는 대화법

—

- **인사행 : 인정하고 사과하고 행동하라**

무조건 화를 내는 사람들이 있다. 말이 안 통한다. 이런 사람들과는 어떻게 대화를 진행할까? 참으라고? 아니다. 참는 데도 한계가 있다. 그냥 불쌍하게 생각하는 거다. 어차피 말이 안 통한다는 걸 빨리 깨닫고 불쌍히 여기는 거다. 개랑 싸우면 나도 개가 되니까.

이럴 땐 빨리 인정하라. "당신 말이 맞아요. 얼마나 힘드셨겠습니까."

그리고 사과하라. "정말 죄송합니다. 제가 생각이 짧았네요."

그리고 행동하라. "제가 처리하겠습니다."

인정하고 사과하고 행동하면 싸울 일이 없다. 이게 가능한 일일까?

성경에 있다. 원수를 사랑하라고. 원수까지 사랑하는데 일반인은 왜 사랑하지 못하겠나? 나는 그래서 원수를 사랑하는 맘으로 결혼도 했다. 내 외모만 보고 차버리기에 복수를 결심했다.

"니가 나를? 어디 두고 보자……."

원수랑 결혼까지 했더니 다른 여자들도 모두 사랑할 수 있게 되더라.

• 감사하라

나는 골프장에서 캐디들에게 항상 감사하다는 말을 한다. 그러니까 정말 감사할 일이 늘어났다. 채를 주고받을 때마다 '감사합니다', '땡큐' 그러니까 내 타수가 줄었다. 물에 빠진 공이 막 살아서 돌아왔다.

"사장님, 여기 볼이 걸려 있어요."

감사하는 사람은 계속 사랑을 받는다.

아리스토텔레스도 이런 말을 했다.

"행복은 감사하는 자의 것이다."

• 쉬운 말부터 시작한다

처음 만난 여자에게 결혼하자고 고백해서 결혼에 성공한 남자의 이야기는 감동적이다. 로또처럼 웬만해선 있을 수 없는 일이니까. 고백부터 하는 남자들은 왠지 부담스럽지 않을까?

연애도 쉬운 것부터 해야 한다. 지금도 기억나는 외국 영화의 한 장면이 있다. 〈하노버 스트리트〉. 한 군인이 외박을 나왔다가 전차를 기다리는 한 여성을 보고 말을 건넨다.

"커피 한 잔 하실래요?"

"아뇨……."

여자의 거절에 남자는 바로 시무룩해진다. 그때 여자의 반전 대사!

"커피는 싫지만 홍차는 좋아요."

요즘 여자들도 그래서 쉬운 것부터 시작하는가 보다.

"우리 집에서 라면 먹고 갈래요?"

• **사랑은 오래 참고**

〈은행나무 침대〉는 가구가 아니다. 영화다. 1996년 한석규와 심혜진이 출연했던 강제규 감독의 영화다. 대학 강사인 한석규와 외과 의사인 심혜진은 서로 사랑하는 사이였는데 노천시장에서 은행나무 침대를 만나면서 혼란에 빠져든다. 천 년을 기다려온 사랑이 다시 환생한 거다. 이처럼 사랑은 수백, 수천 년을 오래 참고 기다려도 변색되지 않는다.

사랑하면 참는 거다. 이런 말이 있다. '연애할 때 사랑하는 사람이 더 참는다. 그래서 더 아프다.' 스피치도 그렇다. 말을 잘하는 사람이 더 잘 참는다. 대개 말 못하는 사람이 상대방의 말을 톡톡 잘라먹고 툭툭 끼어든다.

이제 참아보자. 참는 게 절대 쉬운 게 아니다. 왜냐하면 말하는 건 1분에 평균 120~150단어를 할 수 있는데 머릿속으로는 평균 400~800단어를 상상하기 때문이다. 그러니까 300~600단어 정도가 머릿속에서

뱅글뱅글 돌아다니면서 튀어나오려고 애쓰는 것이다.

이래서 경청이 어렵다. 더구나 성격 급한 사람은 말도 급하다. 사랑은 오래 참는다는 말을 가슴에 새기고 팍팍 튀어나오려는 말들을 꾹 누르자. 그게 말 잘하는 비결이다.

신상훈의 핵심톡킹 4

1. 공감을 이끌어내는 대화법
1) 입장 바꿔 생각한다.
2) 나를 먼저 드러낸다.
3) 과장과 은폐의 유혹을 뿌리쳐라.
4) 기록이 아닌 기억으로 말하라.

2. 신뢰를 이끌어내는 대화법
1) 공동의 목표를 뚜렷이 제시한다.
2) 믿음은 들음에서 온다.
3) 타인을 먼저 배려한다.
4) 내일을 긍정적으로 선언한다.

3. 사랑을 이끌어내는 대화법
1) 인사행 : 인정하고, 사과하고, 행동하라.
2) 감사하라.
3) 쉬운 말부터 시작한다.
4) 사랑은 오래 참는 데서 시작한다.

TALK 5
풍성한 단어에서 다양한 콘텐츠가 나온다

어휘력은 연봉에 비례한다

카지노에는 3가지가 없다. 첫째, 시간가는 줄 모르고 도박하라고 시계가 없다. 둘째, 날 새는 줄 모르고 도박하라고 창문이 없다. 그리고 셋째, 제 정신이 박힌 사람이 없다. 왜냐하면 카지노에서 돈을 따겠다고 생각하는 자체가 정상이 아니기 때문이다. 그 이유는 무엇일까?

   카지노는 칩을 사용하기 때문이다. 카지노에 가본 사람은 알 거다. 그곳에선 현찰 대신 칩을 사용한다는 것을. 왜냐하면 칩은 돈 같은 생각이 들지 않기 때문에 잃어도 잃는다는 느낌이 없다. 10만 원을 걸라고 하면 좀 아깝지만, 10만원 상당의 칩을 걸라고 하면 돈같이 느껴지지 않아 선뜻 걸 수 있다. 카지노에서 돈을 딸 수 없는 진짜 이유는 바로 칩을 무한정 찍어낼 수 있기 때문이다. 생각해보라. 홀짝을 한다고 할 때 잃은 사람이 계속 더블 더블로 간다면 언젠가는 돈 많은 사람이 이긴다.

여기서 문제 하나! 말을 잘하려면, 말로 이기려면, 무엇이 많은 사람이 이길 수 있을까? 바로 단어다. 영어 공부를 하기 위해 우리는 단어 공부를 참 많이 했다. 단어장을 만들어 들고 다니고, 사전을 염소처럼 씹어 먹던 학생도 있었다. 그렇게 단어를 외우는 이유가 뭘까? 당연히 영어를 잘하기 위해서다. 내가 대학교 때 읽었던 《Word Power(워드 파워)》 서문에 있던 이 문장이 기억난다.

"어휘력은 그 사람의 연봉과 비례한다."

다양한 색깔의 이름을 아는 사람의 연봉은 확실히 다를 것이다. 블루 하나만 아는 사람보다 블루, 스카이블루, 코발트블루, 터키블루 등 다양한 단어를 아는 사람의 성공 가능성이 더 높다. 여러분이 디자인이나 의류회사 CEO라면 과연 어떤 사람을 직원으로 뽑겠는가?

그렇다면 여러분의 단어 실력은 어느 정도인가? 체크하는 건 간단하다. 끝말잇기로 알 수 있다.

어휘력을 풍성하게 만드는 끝말잇기

—
'가'로 시작하는 단어로 시작해보자.

가을, 을지문덕, 덕평휴게소, 소달구지, 지하철, 철가방, 방울토마토, 토요일, 일요일, 일기장, 장수하늘소, 소방차, 차선, 선거……. 어떤 단어든지 술술 나온다면 당신의 머릿속에는 많은 단어가 들어 있는 것이다.

〈컬투쇼〉에서 들은 끝말잇기 사연이 생각난다. 한 꼬마가 할머니와 끝말잇기를 하고 싶었다.

"할머니, 나랑 끝말잇기 해요."

"난 그런 거 못 해."

"오디오, 그러면 오징어. 이렇게 하면 되는 거야. 알았지? 그럼 시작한다. 경포대."

"대갈빡."

"할머니 그런 말 쓰면 안 돼. 다시 한다, 경복궁."

"궁댕이."

"할머니, 그런 나쁜 말 쓰면 안 돼."

그러자 옆에 있던 엄마가 거들었다. "상훈아, 그럴 거면 할머니랑 끝말잇기 하지 마. 할머니는 사투리를 쓰시니까 어쩔 수 없단 말이야."

"알았어. 할머니, 그럼 시작한다. 라디오."

"오징어-어버이-이발소-소방대-대갈통-통지서-서방질-질그릇-룻데껌-껌딱지-지랄병-병맥주-주댕이-이슬비-비니루-루돌프-푸라자-자전거-거시기……."

그러자 아이가 울음을 터트렸다.

"아앙, 이러면 난 할머니를 이길 수 없단 말이야."

그러자 엄마가 하는 말, "한방에 끝나는 단어를 쓰면 되잖아."
"음, 이번엔 할머니가 먼저 시작해. 산 이름으로."
"설악산-산기슭! 와, 내가 이겼다!"
그러자 할머니 왈, "슭을놈(썩을 놈)."

자녀들과 끝말잇기를 마지막으로 한 게 언제인가? 오늘 당장 해보라. 길이 막혀 도로에 있을 때면 아이들은 스마트폰만 들여다본다. 이럴 때 끝말잇기 같은 게임을 하면 어휘도 늘려주고 함께 웃을 수도 있고 시간도 잘 간다. 일석이조, 일거양득, 일타쌍피, 도랑 치고 가재 잡고, 누이 좋고 매부 좋고, 마당 쓸고 돈 줍고……

어휘력을 풍성하게 만드는 고사성어, 속담, 명언 인용하기

—

단어와 함께 늘려야 할 것은 다양한 표현법이다. 고사성어, 속담, 명언 등을 알면 적절한 상황에서 촌철살인의 한마디로 빛날 수 있다.

집을 지을 때 단어가 벽돌 같은 존재라면 고사성어나 속담, 명언 등은 철근에 해당된다. 특히 명언을 많이 외워두면 문장구조가 탄탄해진다. 이걸 잘했던 사람이 바로 나다.

2000년대 초반 새로운 코미디 프로그램에 대해 고민을 했다. 기존의 코미디와 완전히 다른 형식은 뭐가 있을까? 그때 스탠드업 코미디가 생각났다. 마이크 하나 달랑 들고 혼자서 말로 웃기는 코미디. 그런 걸 우리도 해보고 싶었다. 그래서 전국의 말 잘하는 사람들을 찾아다녔다. 대구에서 한 청년을 만났는데, 솔직히 처음 봤을 때는 실망스러웠다. 키도 작고 까무잡잡하고 학벌도 별로고…….

그런데 이 친구를 처음 〈폭소클럽〉 무대에 세워서 바람을 잡게 했다. 바람 잡는 게 뭐냐면 녹화장에서 얼어붙은 관객들의 얼굴을 미리 풀어주는 역할이다. 이 친구가 처음 무대에 서서 "안녕하세요. 김제동입니다" 인사하니까 아무도 쳐다보지를 않았다. 그러자 앞에 있던 아가씨를 손가락으로 딱 가리키며 "사람이 인사를 했으면 받아줘야죠. 또 한 번 해서 안 받아주시면 험한 꼴을 보여드리겠습니다. 험한 꼴이 뭐냐고요?" 하더니 자기 안경을 벗는 게 아닌가? 그랬더니 천 명의 관객들이 일시에 빵! 터졌다. 그는 그렇게 30분 동안 KBS 공개홀을 들어다 놨다, 들었다 놨다 했다. 그가 다른 개그맨들과 달랐던 점은 주옥 같은 명언들을 자유자재로 활용한다는 것이다.

"사람이 만든 책보다 책이 만든 사람이 많습니다." "사랑은 기댈 곳을 찾는 게 아니라 기대어줄 곳을 만들어주는 것입니다." "흐르는 강물을 잡을 수 없다면 바다가 되어 기다리세요." "당신이 세 잎 클로버로 태어난 것을 슬퍼하지 마십시오. 만약 당신이 네 잎 클로버로 태어났더라면 누군가의 손에 의해 당신의 허리가 잘려 나갔을 겁니다. 더 이상 당신이 세 잎 클로버로 태어난 것을 슬퍼하지 마십시오. 내가 당신의 마지막 행운의 한 잎이 되어 드리겠습니다."

〈폭소클럽〉 녹화 후 뒤풀이로 맥줏집에 갔다. 지금 같으면 김제동 왔다고 서비스를 막 갖다주겠지만 당시에는 무명이었기 때문에 맥주를 주문해도 빨리 가져오지 않았다. 그러자 자기가 나가더니 오른손에 9병, 왼손에 9병의 맥주를 들고 들어왔다. 나이트클럽에서 서빙 알바를 했다고 한다. 그런 힘든 일을 하는 와중에도 MC로 성공하려고 틈틈이 명언들을 외웠다고 한다.

초창기 김제동의 멘트는 자기가 만든 게 아니라 선배들의 것을 베끼기도 했고, 책에서 본 것을 인용하기 바빴지만, 요즘 그의 멘트를 보면 삶의 무게로 잘 숙성된 효소 같은 느낌이 든다.

여기서 잠깐! '지금 김제동이 말을 잘한다'에 동의하는 분들은 그를 좋아하는 거고, '잘하긴 뭘 잘해' 하는 분은 그를 싫어하는 거다.

내가 계속 강조하는 것은 말을 잘하려면 좋은 사람이 되어야 한다는 것이다. 나쁜 사람의 말은 남에게 잘 먹혀들지 않는다.

자, 이번에는 여러분의 고사성어 실력을 테스트 해보겠다.

'ㄱ'으로 시작하는 고사성어를 떠올려 보라. 10초 동안 몇 개? 5개 이하라면 더 열심히 공부해야 될 것 같다. 각주구검, 구사일생, 고진감래, 관포지교, 교언영색, 교각살우, 가화만사성, 갑론을박, 가렴주구…….

전혀 생각이 안 난다면 걱정 말고 검색하면 된다. 예전엔 노하우know-how의 시대였지만 이제는 노웨어know-where의 시대다. 잘 몰라도 검색만 잘해서 어디 있는지 찾아내면 된다. 컴퓨터가 있는데 내 머리가 컴퓨터를 닮지 않았다고 좌절할 필요는 없다. 그래도 말을 잘하려면 컴퓨터의 몇 가지 기능을 닮을 필요는 있다.

어휘력을 풍성하게 만드는 읽고 쓰고 말하기

―

아무리 비싸고 사양이 좋은 컴퓨터도 입력하지 않으면 깡통이다. 꾸준한 입력이 필요하다. 우리 머리에도 단어와 고사성어 등을 계속 입력해야 한다. 어떻게 하는 것이 입력일까? 읽기, 쓰기, 듣기 그리고 저장도 잘해야 한다. 저장이 잘못되면 출력을 할 수 없으니까.

예를 들어보자. '사과' 하면 떠오르는 인물 세 사람을 10초 동안 말해보라. 쉽지 않다면 역시 입력이 잘못된 게 아니라 저장이 잘못된 거다.

보통의 의무교육을 받은 성인이라면 세 명 정도는 쉽게 말할 수 있어야 한다. 애플의 스티브 잡스, 만유인력의 뉴턴, 아담과 이브, 백설공주, 내일 지구가 멸망해도 사과나무를 심겠다고 한 스피노자, 사과를 아들 머리에 올려놓고 화살을 쏘았던 빌헬름 텔⋯⋯.

위 사람들 모두 한 번쯤은 들어봤던 이름인데 왜 기억이 나지 않았을까? 바로 저장이 잘못됐기 때문이다. 물론 '내일 지구의 멸망이 와도 사과나무를 심겠다'는 말은 들어봤어도 그 말을 한 사람이 스피노자라는 사실을 모를 수는 있다.

세 명이 생각나지 않았다가 예시를 들으니까 그제야 "아, 맞다, 맞아" 했다면 저장이 잘못된 게 확실하다. 그러나 처음 듣는 이름이라면 입력조차 되지 않은 거다. 혹시 '로빈 후드'를 생각했다면? 당신은 정말로 저장을 잘못한 거다. 빌헬름 텔과 헷갈린 거다. 둘 다 서양 남자고 말 타고 활 쏘니까 두 사람을 헷갈린 거다.

왜 이런 실수를 할까? 왜 저장이 제대로 되지 않을까? 그 이유는 '써먹을 생각이 없기 때문'이다. 마트에서 장을 본다. 식품을 냉장고에 보관한다. 그런데 가끔 보면 냉장고 속에서 썩어나가는 재료가 많다.

"자기야, 이 두부는 뭐야?" 그러면 마누라가 이런다.

"어머, 그게 거기 있었구나. 깜빡했네."

그 재료로 요리할 생각이 있었다면, 써먹을 생각이 있었다면 그냥 썩어 문드러지게 놔두지는 않았을 것이다. 빌헬름 텔과 로빈 후드를 헷갈리는 이유도 써먹을 생각이 없었기 때문에 아무데나 처박아놔서 생기는 실수다. 그러니까 이제부터는 입력과 저장을 제대로 해야 한다. 냉장고 얘기가 나왔으니까 냉장고에 비유를 하겠다. 두부를 저장하는 곳은? 냉장실. 우유는? 계란은? 모두 냉장실이다. 그러나 고기나 만두 같은 냉동식품은 냉동실에 넣어둔다.

우리가 사용하는 단어도 그렇다. 바로바로 쓰는 단어는 냉장실, 가끔씩 쓰는 단어는 냉동실에 보관해야 한다. 그런데 오늘 당장 프레젠테이션을 한다, 회의를 한다 그러면 냉동고에 들어 있던 단어들도 냉장실로 옮겨놔야 한다. 이게 바로 준비다. 말 잘하는 사람들의 특징 중 하나가 순발력이 뛰어나다는 것이다. 그런데 알고 보면 순발력도 준비에서 나온다.

나는 단어를 저장할 때 '가나다'순으로 한다. 앞에서 'ㄱ'으로 시작하는 고사성어를 말하라고 했을 때 몇 개나 생각났는가? 잘 기억이 안 나면 나는 가나다순으로 떠올린다. 여러분도 한번 이 방법을 써서 다시 고사성어를 떠올려 보라.

'가'부터 가가호호, 가렴주구, 가인박명, 가화만사성……. 더 이상 생각이 안 나면 받침을 붙여본다. '각'부터 각주구검, 각골난망, 간담상조, 감탄고토, 갑론을박. 갸는 없고. '거'는 거두절미, 격은 격세지감, '견'은 견마지로, '결'은 결초보은, '경'은 경국지색, '고'는 고진감래, 고군분투, 공수래공수거, 곤드레만드레……. 아, 이건 아니지. 이렇게 하면 아까보다 훨씬 많은 고사성어를 떠올릴 수 있다. 차례차례 정리해서 저장하라는 말이다.

여러분의 책상을 보라. 정리가 잘된 사람은 물건을 바로바로 찾을 수 있지만 정리가 안 되어 있으면 한참을 뒤적거려야 한다. 책꽂이도 마찬가지다. 머릿속에 단어를 쌓을 때도 체계적인 정리가 필요하다.

그럼, 이번 장의 하이라이트. 저장을 제대로 하기 위해 어떻게 입력을 해야 할까? 입력하는 방법은 3가지가 있다. 읽기, 쓰기, 듣기. 그중에 가장 중요한 것은 역시 읽기다.

어휘력 향상의 최고봉은 독서

—

책을 많이 읽는다고 성공하는 것은 아니지만 성공한 CEO는 대부분 책을 많이 읽는다. 혹시 책을 읽지 않았는데 당신이 CEO라면 당신의 아버지가 독서광이었을 것이다. 지금쯤 자식에게 잘못 물려줬다고 후회하실지 모른다. 학교에서 선생님들이 가장 많이 하는 잔소리 중 하나가 바로 책 좀 읽으라는 말이다. 그러나 뭘, 어떻게 읽어야 하는지는 가르쳐주지 않는다. 내가 가장 안타깝게 여기는 부분이다.

  수년 전 개그맨 장동민의 유행어를 따서 책을 읽게 하는 주문을 만들었다. 장동민은 팟캐스트에서 말실수로 구설수에 올랐지만 〈더 지니어스〉라는 프로그램을 통해서 '갓동민'이란 별명을 얻었다. 우승 상금 1억 3,200만 원이 중요한 게 아니라, 개그맨으로 알려진 그가 쟁쟁한 천재들을 상대해서 모두 물리쳤다는 것이 중요하다.

  내가 여자라면 장동건보다 장동민에게 더 끌렸을 것이다. 개그를 하겠다며 대학로로 나를 찾아왔던 장동민, 유세윤, 유상무의 파릇파릇하던 모습을 아직도 잊을 수가 없다. 바보 연기를 하던 장동민이었지만 눈빛이 남다른 바보였음을 확실히 기억한다. 그의 유행어 '대충 뭐 그까이꺼'로 설명해보겠다.

• 대-대중교통을 이용하라

  책은 도서관이나 책상에서만 읽는 게 아니다. 책읽기에 가장 좋은 곳은 대중교통이다. 서울서 부산까지 가는 가장 빠른 방법이 뭘까? KTX? 비행기? 아니다. 좋은 친구랑 가는 거다. 책처럼 좋은 친구가 어디 있겠는가? 그런데 책보다 전화 거는 사람이 더 많다. "응, 3억을 송금하고 2억을 이리 보내." 아니, 그런 사람이 왜 마을버스를 타고 다녀?

  나는 일본이 무섭다. 지난 겨울 일본의 작은 도시를 방문했는데 허름한 작업복을 입은 청년이 책을 읽고 있었다. 우리나라 지하철에는 이제 책 읽는 젊은이를 찾아보기 힘들다. 일본이 1945년 패망해서 자기들 나라로 돌아가면서 했다는 말, 100년 후 다시 찾아온다는 말이 이뤄질 것 같아서 정말로 무섭다. 책을 읽지 않는 나라는 미래가 없으니까.

• 충-충전하라

밥을 안 먹으면 40일 만에 죽는다. 물을 안 마시면 4일 만에 죽는다. 공기를 안 마시면 4분 만에 죽는다. 책을 안 읽으면 어떻게 될까? 뇌가 죽는다. 책은 머리를 위한 충전이다. 책을 안 읽는 사람은 티가 난다.

"아, 그게 뭐지? 뭐였더라……." 그리고 단어 스무 개로 생활을 한다. "먹자, 놀자, 자자, 하자, 싸자, 죽자……." 배만 충전하지 말고 제발 뇌 좀 충전하자. 별다방서 뽑아먹는 커피는 비싸다고 안 하면서 책값은 비싸도 너무 비싸단다.

• 뭐-뭐든지 읽어라

무슨 책이든지 좋다. 고르기 쉽지 않으면 베스트셀러를 읽자. 세계에서 가장 많이 팔린 책은? 공책. 그런데 공책은 읽을 게 없다. 그러니까 두 번째 베스트셀러인 성경책을 읽으면 좋다. 없다면 내가 선물해준다. 가까운 교회에 가서 꽂혀 있는 성경책을 그냥 들고 와라. 곁에 '비치용'이라고 쓰여 있다. 올여름에 비치에서 읽으시라고.

• 그-그곳에 적어라

책을 깨끗하게 보는 사람은 머릿속도 깨끗하다. 책의 여백은 메모장이다. 중요한 건 적고 밑줄 쳐라. 다시 읽을 때 밑줄만 읽으면 30분도 안 걸린다. 책에 쓰여 있는 메모는 수십 년 후 그때를 추억해보는 귀중한 타임머신으로 남을 것이다.

- **까-까라**

책은 비판적 자세로 읽어야 한다. 안 그러면 발전이 없다. 책과 선생님은 사다리와 같은 존재다. 열심히 밟고 올라가야 한다. 단 사다리는 두고 가라. 사다리를 들고 가는 사람은 없다. 비판적으로 읽고 해독해야 당신이 그 책보다 더 나은 책을 쓰게 될 테니까.

- **이-이제 시작하라**

이제부터 시작하라, 지금 당장. 당신이 손을 뻗는 곳에 책이 있다면 그 책부터 읽으라. 새로 책 사서 읽을 생각 말고 집에 먼지가 쌓인 책부터 읽기 바란다. 내가 쉽게 책 읽는 방법을 하나 알려주겠다.

다 읽고 또 읽고 그럴 생각 말고 책을 빼들었으면 머리말과 차례만 읽는다. 머리말과 차례만 읽어도 책 속의 내용을 대충 알 수 있다. 머리말을 읽고 별 감흥이 없으면 내려놓고 다음 책을 읽는다. 만약 머리말을 읽었는데 흥미가 느껴진다면 끝까지 쭉 읽으면 된다.

- **꺼-꺼라**

하루에 한 시간 만이라도 스마트폰과 컴퓨터를 꺼라. 제발 좀 꺼라.

그리고 책을 읽어라. 왜냐하면 책 속에 있는 길도, 당신이 읽어야 당신의 길이 되기 때문이다. 요즘 길을 걸을 때도 스마트폰을 보는 젊은이들 低頭族, 저두족이 많다. 사람과 부닥치기도 하고 빨간불인데 건너기도 하고. 그러다가 교통사고로 죽는 사람도 있다. 운전 중에 스마트폰 보는 사람도 있고 자전거 타면서 보는 학생도 봤다. 죽으려고 환장을 했다, 정말.

고속도로에 붙은 표어가 생각난다. '졸음운전의 종착지는 이세상이 아닙니다.' 나는 이런 표어를 붙여 넣고 싶다. 스마트폰 ON? 당신의 생명 OFF!

'대충 뭐 그까이 꺼'를 오래 기억하는 방법은? 바로 '써먹어야지' 하는 생각이다. 이 생각을 가지고 바로, 지금, 여기에서 친구, 가족, 직원들에게 아낌없이 써먹으면 된다.

신상훈의 핵심톡킹 5

어휘력을 향상시키는 독서법

- 대 – 대중교통을 이용하라.
- 충 – 충전하라.
- 뭐 – 뭐든지 읽어라.
- 그 – 그곳에 적어라.
- 까 – 까라.
- 이 – 이제 시작하라.
- 꺼 – 꺼라.

TALK 6

꽂히는 콘텐츠, 풍성한 스토리텔링

비행기를 타면 이륙 전에 듣게 되는 안내 멘트가 있다.

"비상구는 비행기의 요기, 조기, 저어기에 있으며 산소호흡기는 비상시 머리 위쪽에서 자동으로 내려오며 사용법은 마스크를 얼굴에 대고 머리 뒤로 끈을 조인 다음 크게 호흡을 하면 됩니다. 구명조끼는 좌석 아래에 있으며 비상시에는 구명조끼를 머리 위로 착용하신 후 양쪽에 있는 끈을 잡아당기면 부풀어 오릅니다."

승객 중 대부분은 이 멘트에 주목하지 않는다. 물론 주목하는 사람들도 있지만 앞에 서서 시연을 보이고 있는 승무원만 뚫어지게 쳐다볼 뿐이다.

그런데 내가 타본 어떤 항공사의 멘트는 달랐다. 이 비행기는 탑승부터 특이하다. 선착순으로 지정석에 앉는다. 지정석은 자기가 정해서 앉는 자리다. 나는 창가에 자리를 잡았다. 그런데 내 옆에 뚱뚱한 아프리칸-아메리칸 아줌마가 자리를 잡았다. 안전벨트가 매지지 않아서 익스텐션 벨트를 이용했다.

'이거 4시간 동안 힘들겠네. 괜히 이 비행기를 탔나.'

후회가 되었다. 잠시 후 기장이 직접 나와서 안내 멘트를 했다.

"안녕하세요. 기장 마이클입니다. 비행기에 타면 가슴이 두근두근 하시는 분 손 들어보세요. 제가 그렇습니다. 왜냐하면 비행기 운전이 처음이거든요. 하하, 놀라지 마세요. 오늘 처음이란 말입니다. 이 비행기는 내슈빌로 가는데 LA 위를 날아갈 예정입니다. 혹시 도박을 하고 싶은 분들은 비상구를 열어드릴 테니까 뛰어내리세요. 당신이 살아날 확률이나 돈을 딸 확률은 거의 똑같습니다. 우리 비행기는 흡연석이 마련되어 있습니다. 날개 윕니다. 영화도 상영해드려요. 바람과 함께 사라지다."

기내에서 웃음소리가 끊이지 않았고 그의 안내에 주목하지 않는 사람은 없었다. 나도 킬킬 웃고 나니까 옆자리에 앉은 여자와 한 가족이 된 느낌이었다. 내 손이 그녀 무릎에 올라가 있었다. ㅋㅋㅋ

잠시 후 이어진 여승무원의 안내 멘트도 집중력을 높여줬다.

"비상시 동전을 넣으면 위에서 산소마스크가 떨어집니다. 그럼 일단 내가 살아야 하니까 내가 먼저 쓰고 아이들 중에서 가장 살아날 확률이 높은 아이부터 씌워주시기 바랍니다. 오늘 승무원들이 너무 바빠서 땅콩 서비스는 직접 못합니다. 비행기가 이륙할 때 복도에 땅콩 박스를 놔둘 테니까 미끄러져 내려갈 때 필요한 사람은 집어서 드시기 바랍니다."

나는 농담인 줄 알았다. 비행기가 이륙하니까 앞에서부터 환호성이 터져나왔다. 정말 땅콩 박스가 미끄러져 내려오니까 승객들이 모두 웃으면서 땅콩을 집어 옆 사람에게 전해주었다. 내가 이제까지 먹은 기내식 중에서 가장 맛있는 기내식이었다. 땅콩 한 봉지인데 말이다.

이 항공사는 여러분도 잘 아시는 사우스웨스트 에어라인이다. 지방의 작은 항공사로 시작했는데 달라스, 휴스턴, 산 안토니오를 삼각으로 연결하며 3대의 비행기로 출발했는데 시작하자마자 오일쇼크가 터져서 고전을 했다. 타 항공사들은 감원을 했는데 SWA은 직원 대신 비행기를 팔았다. 3대로 뛰던 스케줄을 2대로 소화하기로 한 거다. 그 대신 직원들이 이륙과 착륙을 신속하게 진행하기 위해 더 열심히 뛰었다. 왜 그렇게 했나니까 허브 켈러허 회장은 '비행기는 딸린 가족이 없기 때문에 비행기를 팔았다'고 한다.

땅콩 하나로도 웃음을 주고 직원에게도 감동을 주는 회사가 성장할까? 땅콩 하나 때문에 직원을 괴롭히는 회사가 성장할까?

친숙하지만 새롭게 스토리텔링하라

요즘 스토리텔링이란 단어를 자주 접할 것이다. 위에서도 봤듯이 일반 항공사의 안내 멘트에 스토리텔링 기법을 활용한 게 사우스웨스트 에어라인의 멘트다.

어떤 회사의 홈페이지에 가보면 도무지 뭘 하는 회사인지 모르겠다. 정보만 나열되어 있어서 그 모양이다. 반면에 최근 조명을 받고 있는 홈페이지에는 이야기가 흐르고 있다.

아무리 맛있는 식당이라고 해도 '메뉴'만 보고 가고 싶은 생각이 들까? 반면 블로그에서 자세히 소개한 맛집을 보면 당장 가보고 싶은 생각이 든다. 물론 요즘은 하도 돈 받고 올리는 블로그가 많아서 문제지만. 그래도 계속해서 그런 블로그가 유행하는 것은 쏠쏠하게 효과가 있다는 뜻이다. 기존의 프레젠테이션에 새바람을 몰고온 스티브 잡스의 프레젠테이션도 스토리텔링 기법을 활용한 사례다. 스티브 잡스는 2007년 맥월드에서 이렇게 이야기를 시작했다.

"오늘, 애플은 핸드폰을 다시 발명했습니다."

기존의 신제품 발표회에서 화려한 조명이나 아리따운 모델을 활용하면서 잘 알아듣지도 못하는 스펙이나 수치를 나열하는 게 전부였다면, 스티브 잡스는 무대에 혼자 서서 작은 이야기 하나로 사람들의 관심을 끌었다.

"누가 스타일러스 펜을 원합니까? 꺼내고 집어넣고 그러다가 잃어버리고……. 누구도 스타일러스 펜을 쓰고 싶어 하지 않습니다."

경쟁사를 은근히 깎아내리면서 소비자와 교감을 시작했다.

"맞아. 나도 펜을 잃어버렸을 때 정말 짜증났었지. 나에게 이렇게 좋은 펜이 있는데 말이야……."

사실 스토리텔링은 우리에게 친숙한 것이다. 어릴 적 엄마가 읽어주던 동화책, 할머니가 군밤을 까주시며 들려주던 옛날이야기, 길거리에서 약을 팔던 약장수 아저씨의 재담……. 그런데 사회가 점점 복잡하게 변하면서 말로 하던 것을 TV, 영화, 광고, 파워포인트로 설명하기 시작한 거다. 거꾸로 이런 도구들을 가장 잘 활용하는 방법이 바로 스토리텔링이기도 하다.

'이제부터 회의합시다'라는 말과 '이제부터 파티합시다'라는 말 중에 어느 것이 더 구미에 당기나? 당연히 '파티합시다'일 것이다. 그 이유는 파티를 통해 새로운 사람을 만나고, 새로운 이야기가 펼쳐질 것을 기대하기 때문이다. 이제부터 바꿔보자. 회의에 이야기를 담아보자. 스토리텔링 기법으로 회의를 진행해보자. 그러면 직원들이 파티처럼 회의를 기다릴 테니까.

스토리텔링, 3가지 'C'를 기억하라

―

스토리텔링의 3C 원칙이 있다. 바로 인물Character, 갈등Conflict, 구조Construction이다.

이야기에는 등장인물이 나온다. 뉴스에서 수십, 수백 명이 죽었다는 사건 보도를 보고 눈물을 흘리는 사람은 별로 없다. 그러나 친한 친구의 사망 소식을 문자로 보게 된다면 이야기는 달라진다. 내가 잘 아는 사람의 이야기에는 감정이입과 몰입이 된다.

어느 무대에서 스피치를 하거나 누구와 대화를 하고 있다면 누구를 등장인물로 삼는 것이 가장 효과적일까? 바로 '나'다. 가장 좋은 이야기는 나 자신의 이야기다.

갈등은 듣는 사람들에게 이야기에 빠지도록 잡아끄는 힘이 있다.

"너를 만나러 오는 길에 아무 일도 없었어."

뭐 어쩌라고……. 아무 흥미도 관심도 이끌어낼 수가 없다.

"제가 이곳에 강의를 하러 오는데 경부고속도로가 막혀서 도저히 제 시간에 도착할 수 없겠더라고요."

그러면 사람들은 살짝 관심을 보인다. 과연 저 사람은 어떻게 저 갈등과 고비를 극복했을지 궁금해지니까.

"그래서 기도를 했죠. 오, 신이여 길을 주소서. 그리고 눈을 떠봤더니 길이 뻥 뚫려 있어요. 이 길이 무슨 길인지 아세요? 신이 준 길, 갓이 준 길. 갓길이죠."

우리가 열광했던 드라마나 영화는 모두 갈등구조가 뛰어나다. 뻔하디뻔한 일일 연속극을 1년째 보는 이유도 밝혀질 듯 밝혀지지 않는 갈등구조 때문이다.

"내가 말이야, 웃기는 얘기 해줄게"라고 시작하면 정말 재미없다.

런던 지하철에서 신문을 파는 소년이 소리쳤다.

"호외요, 호외! 런던 시민 400명이 사기를 당했습니다. 호외요!"

그러자 어떤 신사가 급하게 소년을 불러 세웠다.

"이봐, 신문 좀 줘봐. 어디, 어디에 사기 사건이 났다는 거야?"

그러자 신문팔이 소년이 이렇게 외쳤다.

"호외요, 호외! 런던 시민 401명이 사기를 당했습니다."

이야기를 통해 갈등을 설정하고, 그 해결 과정을 들려주는 것만큼 몰입에 좋은 방법은 없다. 마지막으로 구조. 구조는 글쓰기와 마찬가지로 서론, 본론, 결론이 좋다. 아무리 소재가 뛰어나도 이야기 구조가 잘못되면 효과가 반감된다. 이야기의 시작에 사용되는 방법 중에 하나만 소개하겠다. 바로 질문으로 시작하는 방법이다.

"여러분은 천국과 지옥이 서로 싸우면 어느 쪽이 이길 것 같으세요?"

(답 : 지옥, 지옥에는 좋은 변호사가 많아서.)

"곰은 사과를 어떻게 먹을까요?" (답 : 베어 먹는다.)

"낙타의 엄마는 누구일까요?" (답 : 늑대, 늑대가 낙타 낳다(나타났다).)

잘 쓰는 스토리텔러의 5가지 훈련법

―

- 관찰하며 이야기 소재를 준비한다.
- 글쓰기로 이야기를 정리한다.
- 관심이 꼬리에 꼬리를 물고 이어진다.

잘하는 스토리텔러의 특징을 들라면 위의 3가지를 들겠다.

첫째, 이야기꾼은 관찰을 잘한다.

게다가 같은 것을 봐도 다르게 생각한다. 어떻게 방송작가가 됐느냐는 질문을 받을 때 나는 무엇이든 관찰하기를 잘했다고 답한다. 대학교 게시판에 붙은 대자보나 광고지를 나는 무심히 지나치지 않았다. 2학년 때 과 사무실 옆에 16절지 갱지가 하나 붙어 있었다.

'KBS 대학생 코미디 작가 모집'

솔직히 코미디에 대해서도, 작가에 대해서도 잘 몰랐지만 알바가 필요했기 때문에 무조건 지원을 했다. 내가 그 광고를 보고 제일 먼저 한 행동이 무엇일까? 광고지를 뗐다. 다른 사람 못 보게 하려고. 그런데 다른 학교에도 붙어 있었나 보다. 800여 명의 학생들이 지원했다. 원래 2명 뽑는데 떨어졌다. 그런데 너무 많이 지원해서 3명을 뽑기로 했는지 3번째로 내가 뽑혔다. 내가 작가가 된 원동력은? 그렇다. 관찰이다.

둘째, 이야기꾼은 글쓰기를 잘한다.

나는 지금 스피치 강의를 하는 교수로, 기업체에 특강을 다니는 강사로 활동하지만 원래 직업은 작가다. 방송작가를 하면서 일일 드라마도 썼고, 연예대상도 받았다. 이민 사회에서 20년간 이어진 장수 프로그램의 작가로도 일한다. 그렇게 글쓰기를 20년 동안 해왔기 때문에 첫 번째 강의부터 평가가 좋게 나온 게 아닐까 생각한다. 글과 말은 분명 다른 점도 많지만 공통점이 있다. 콘텐츠가 성패를 좌우한다는 것이다.

셋째, 이야기꾼은 꼬리에 꼬리를 무는 호기심이 이어진다.

와인 한 잔을 마실 때도 관심이 이리저리 확대되면서 이어진다.

"1865 카베르네 쇼비뇽, 와인 이름이 왜 1865일까? 18홀 동안 65타를 칠 수 있다고 해서 1865라고 한다던데, 진짜일까? 아, 수입사에서 미국산이나 프랑스산과 다르게 칠레산 와인을 수입하면서 판매 목적으로 이야기를 만들었구나. 안양 베네스트 골프장에서 시음을 하면서 그렇게 선전했었구나. 나중에 골프 안 치는 사람들을 위해서는 18세부터 65세까지 즐기는 와인이라고 불리기도 했고. 하지만 진짜 이유는 칠레 와인 회사인 산 페드로의 설립년도가 1865년이라서 그런 거지."

이렇게 와인 이름 하나에도 관심을 이어간다면 나중에 와인 한 병만으로도 비즈니스 대화를 즐거이 이어갈 수 있을 것이다.

이 와인이 마트에서 판매 1, 2위를 하는 데는 다 그만한 이유가 있었다. 바로 스토리텔링을 마케팅에 활용했기 때문이다. 이야기는 상대와 나를 연결하는 도로다. 골프장에서는 18홀을 65타로 칠 수 있게 만드는 와인으로, 파티장에서는 18세부터 65세까지 즐길 수 있는 와인으로 소개하면 상대방의 관심을 얻어낼 수 있는 것이다.

자, 그럼 지금부터 스토리텔링을 잘 활용하는 이야기꾼으로 거듭나기 위한 몇 가지 방법을 알려드리겠다.

- **스토리텔링 훈련법 1. 관찰하라**

내가 서울종합예술학교에서 개그맨 지망생들을 가르칠 때의 일이다.

학교 게시판에 이런 쪽지를 일주일간 붙여 놨다.

"다음 주 월요일 12시에 나를 찾아오면 점심 뷔페 공짜. 신상훈"

결과는? 아무도 찾아오지 않았다. 이걸 통해 알 수 있는 사실은 내가 영 인기가 없구나가 아니라, 우리 학생들이 관찰을 잘 안 한다는 점이었다. 나중에 그런 쪽지가 있었다고 알려주니까 모두 통곡을 하더라. "내가 갈걸……."

내 친구의 아버지는 외출했다가 돌아오실 때마다 뭐든지 하나씩 들고 들어오시는 바람에 집 안이 쓰레기장이 됐다고 한다. 하지만 나는 하루에 하나씩 뭐든 관찰하고 배워서 돌아온다. 관찰이라고 하면 어렵게들 생각하는데, 쉽게 말하면 습관을 바꾸는 것이다. 눈에 띄는 글자부터 무조건 읽으라. 한동안 고속도로에 나붙었던 졸음운전 표어들이 있었다.

'졸음운전의 종착지는 이 세상이 아닙니다.'

'졸음운전 사망자는 음주운전 사망자의 5배'

'졸음과 운전은 함께 할 수 없습니다.'

'졸음운전 자살운전, 음주운전 살인운전'

'칠 조심'이라고 써 붙인 벤치에 앉아서 바지를 버렸던 경험이 있다면, '차선 감소'라는 사인을 못 봐서 사고가 났던 경험이 있다면, '여자용'이란 사인을 못 보고 여탕이나 여자화장실에 들어갔던 남자분이라면, 제발 글자 좀 읽자. 의외로 운전을 하면서 교통표지판도 제대로 읽지 않는 사람들이 많다. 글자부터 관찰하자. 그리고 천천히 고개를 돌려 주변과 사람을 잘 관찰하자.

관찰에 제일 좋은 연습은 혼자 여행하기다. KTX만 타고 왔다 갔다 하지 마시고, 무궁화 기차에 몸을 싣고 천천히 달리며 주변을 둘러보라. 빨리 가느라 못 보던 풍경이 천천히 느리게 펼쳐진다. 관찰, 관심, 관계에 소홀하다가는 관에 빨리 들어가는 수가 있다.

• 스토리텔링 훈련법 2. 메모하라

《메모의 기술》이란 책이 있다. 60만 권 이상 팔린 베스트셀러다. 지금도 내 책장에 꽂혀 있는데 뒤표지에 이런 문장이 있다.

'메모란 잊어버리지 않기 위해 하는 것이 아니라, 기록한 후 잊기 위해 하는 것이다.'

2003년 7,800원에 산 그 책 덕분에 나는 수억 원을 벌었다. 그전까지 메모는 기억하기 위해서 했다. 그런데 그 문장이 나를 바꿨다.

'그래, 기록하고 잊어버리자. 나중에 필요하면 기록을 뒤지면 되겠지.'

그런데 놀랍게도 내가 끼적끼적 기록한 내용들이 머릿속에 더 선명하게 기억되었다. 여러분도 이제부터 메모를 하기 바란다. 수첩과 펜으로 직접 쓰는 것이 더 효과적이지만, 도저히 스마트폰을 손에서 뗄 수 없는 분들은 스마트폰 메모장이라도 이용해보자.

• 스토리텔링 훈련법 3. 일기를 쓰라

시간 여행을 다룬 영화를 보면 참 부럽다. 나도 저렇게 미래와 과거를 오갈 수 있다면 지금보다 훨씬 쉽게 성공할 텐데.

〈그라운드호그 데이〉라는 영화가 있다. 우리나라에서는 〈사랑의 블랙홀〉이라는 제목으로 개봉됐다. 빌 머레이 주연의 영화인데 주인공은 어찌된 이유에선지 어느 날부터 같은 날을 계속 맞이하게 된다. 처음에는 지루했던 날들이었다가 무언가를 배워보기로 결심한다. 그러면서 같은 날이 반복되는 데서 오는 장점을 살려 사람들도 도와주고 사랑도 얻는다는 로맨틱 코미디다. 성공한 사람들의 특징은 하루하루를 남들과 다르게, 의미 있게 보낸다는 것이다. 하루를 계획하고 실행하고 반성하고……. 그러면 나의 24시간이 남들의 2,400시간 이상의 가치를 발휘하게 된다. 그걸 도와주는 게 바로 일기다.

일기를 쓰면 하루하루의 평범한 일상이 특별한 소재가 될 뿐만 아니라 더 가까이, 자세히 관찰하는 데 도움이 된다. 글쓰기는 말하기의 기초가 되기 때문에 말 잘하는 데도 매우 유익하다. 글솜씨가 말솜씨의 기초가 된다는 것을 명심하자.

• **스토리텔링 훈련법 4. 스마트폰을 꺼라**

길게 얘기하지 않겠다. 말이 스마트폰이지 스마트하게 사용하는 사람이 별로 없다. 잠시 꺼두어도 좋다. 그리고는 관찰, 사색, 메모, 일기 쓰기에 시간을 더 할애해보자. 스마트폰에 낭비하는 시간의 10분의 1 만이라도 아껴서 진짜 내 머리로 생각하는 내 시간으로 써보자. (그러나 지금 스마트폰으로 제 책을 읽거나 제 강의를 듣는 분은 스마트폰을 켜놓으셔도 좋습니다. ^^)

- **스토리텔링 훈련법 5. 계속 연습하라**

친구들과 골프장에 갔는데 나만 드라이버 거리가 안 나는 거다. 20미터씩 짧아서 미치겠는데 캐디가 이랬다.

"비거리를 늘리고 싶으세요?" "네." "그럼 연습하세요."

말 잘하는 방법도, 스토리텔링의 활용을 잘하는 방법도, 이야기 소재를 머릿속에 많이 저장하는 방법도 결국 꾸준한 연습뿐이다. 왕도는 없다.

이런 일화가 갑자기 떠오른다. 시골서 온 청년이 바이올린 케이스를 들고 뉴욕 한복판에 서 있었다. 길을 잃은 거다. 그때 지나가던 할아버지에게 "할아버지, 카네기홀로 가려면 어떻게 하죠?" 그랬더니 그 할아버지가 대답하길 "프랙티스, 프랙티스, 프랙티스!" 이 에피소드는 갑자기 떠오른 거다. 항상 읽고 관찰하고 메모하고 연습하다 보니까 이렇게 필요한 순간에 적절한 에피소드가 자동으로 떠올라준다. 기억에 남는 말을 하는 비결, 스토리텔링과 연습이 답이다.

신상훈의 핵심톡킹 6

1. 꽂히는 스토리텔링은 친숙한 이야기를 새롭게 하는 것이다.

2. 최고의 스토리텔링 훈련법
1) 관찰하라.
2) 메모하라.
3) 일기를 쓰라.
4) 스마트폰을 꺼라.
5) 계속 연습하라.

TALK 7
말이 되게 만드는 논리로 소통하라

수술을 받은 환자가 계속해서 통증을 호소했다.
"아아~ 아."
"어디가 어떻게 아프시죠?"
"전부 다 아프다니까요. 빨리 좀 고쳐줘요."
"그래도 차근차근 설명을 해주셔야……."
"아프다는데 뭔 말이 많아. 어서 고쳐주기나 해요!"
"통증이 1에서 10까지라면 어느 정도 아프세요?"
"15 아니 18! 18! 아이고, 나 죽네……."
이래서는 대화가 되지 않는다. 실제로 유명 가수는 의사와의 소통에 실패해서 목숨을 잃는 안타까운 일까지 있었다. 의사와 환자가 서로 통하는 말을 나눴더라면 우리는 훌륭한 가수를 잃지 않아도 됐었는, 참 안타깝다. 우리는 소통 부재와 불통의 시대를 살고 있다. 예전보다 소통할 수 있는 수단은 늘었다. 스마트폰, 인터넷, 카톡, 페이스북……. 그러나 소통이 되는 느낌보다는 갑갑하게 닫혀 있는 느낌을 더 많이, 자주 받는다. 왜 그럴까? 말이 되는 말보다는 말 안 되는 말이 난무하기 때문이다. 그래서 오늘은 소통을 위해 어떻게 해야 하나, 논리적으로 소통하는 방법은 무엇일까에 대해서 배워보려고 한다.

결론부터 말하자면,

내가 하는 것이 말이 아니라, 남이 듣는 것이 말이다.

말이 통하기 위해서 가장 먼저 배워야 할 것은 '타인을 읽는 능력'이다. 그렇다고 초능력을 요구하는 게 아니다. 태어나면서부터 우리는 무의식적으로 타인의 감정과 상태를 읽을 수 있는 능력이 있다.

떼쓰는 어린아이에게 화난 표정으로 "어허~"하면 떼쓰기를 멈춘다. 활짝 웃어주면 자신도 기분이 좋아 헤헤거린다. 가끔 '타인을 읽는 능력'에 문제가 생긴 아이들이 있다. 눈을 안 마주친다든가, 웃지 않는다든가……. 반응이 늦은 아이들은 발달상 문제가 있기 때문에 빨리 병원을 찾는 것이 좋다.

그런데 성인이 되어도 '타인 읽기'에 문제가 있는 사람이 있다. 우리는 이런 사람을 전문용어로 이렇게 부른다. '또라이!' 또라이들은 자기만 안다. 남들이 어찌 생각하든지 상관을 안 한다. 그래서 이런 또라이와는 말이 안 통하는 것이다.

강의 중에 이런 일이 있었다. 충청도 어디에서 선생님들을 대상으로 한 강의였다.

"초등학교 2학년 때 담임선생님이 저희 집에 찾아오셨어요. 그때 어머니가 저에게 물으셨죠. 선생님에게 얼마를 줘야 하니? 그래서 전 보통 5,000원인데 집에까지 왔으니까 1만 원 줘."

그랬더니 한 선생님이 항의를 하는 거다. 돈 받는 선생이 어디 있냐고. 내가 줬다는데, 내가 겪은 일인데, 지금 그랬다는 것도 아니고 40년 전 일인데……. 그래서 그 선생과 한바탕 싸움을 하려다가 "죄송합니다" 그랬다. 또라이와는 말을 섞지 않는 게 상책이다. 지금도 내 말이 귀에 거슬리는 사람이 있다면 혹시 직업이 선생님?

내가 화성인이라는 말도 안 되는 말을 한 게 아니라면, 초등학교 2학년부터 촌지액수를 결정할 정도로 조숙했구나 정도로 이해하면 될 것을, 많은 선생님 앞에서 내게 뺑치지 말라고 항의하다니 당혹스러웠다. 물론 내가 선생님들 앞에서 촌지 얘기를 꺼낸 것이 문제일 수는 있다. 그러나 현실에서 얼마나 많이 벌어지는 일이었는지 여러분도 잘 아시리라. 그래도 지금 생각해보면 내가 잘못한 것 같다. 아무리 좋은 뜻으로 이야기를 시작했더라도 상대방의 귀에 거슬리는 예를 들었다는 것이 잘못이라면 잘못이겠다.

그래서 다시 한 번 강조하고 싶다. 내가 하는 것이 말이 아니라, 남이 듣는 것이 말이라고. 어쨌든 이것만은 명심하자. 타인을 읽는 능력을 키우자. 그러기 위해서는 '시점 변화'를 연습해야 한다.

논리적 소통 1. 시점을 변화시켜라

—

병원의 환자 얘기로 시작해보겠다. 환자는 의사의 입장을 생각해주고 의사는 환자의 시점으로 바라봤다면 소통이 가능했을 것이다.

"선생님, 너무 아파요. 정말 죽을 듯이 아파요."

"정말 죄송합니다. 수술 후에 어느 정도 통증은 있지만 너무 아프시다니 제가 사과를 드립니다. 그런데 어디가 얼마나 아프세요?"

"이 배꼽 10센티 위가 바늘로, 아니 칼로 푹푹 쑤시는 것처럼 아픕니다. 쥐어짜는 듯한 통증이에요."

"여기요? 그럼 다시 한 번 CT 촬영을 해봐야겠네요."

"선생님 제발 좀 살려주세요."

아프다고 소리치는 것은 말 중에도 감정을 표현하는 '감정어'다. 차근차근 설명을 하는 말은 '논리어'라고 한다. 감정어로는 설명을 구체적으로 할 수가 없다. 서로 싸움만 생길 뿐이다. 논리어로 설명을 해야 상대가 이해할 수 있다.

그러기 위해서는 상대방의 시점에서 생각하며 말을 해야 한다.

"아니, 저 사람들은 왜 내 맘을 모르는 거야? 말을 해야 아나?"

이렇게 답답해하고 속단한다면 당신도 시점 변화에 실패한 사람이다. 통증이 어디가 어떤지 차근차근 설명을 해야 상대방이 알아들을 수 있다. 말 안 하면 귀신도 모른다.

"네 죄를 네가 알렷다!"

당신이 이런 멍청한 사또가 아니라면 대화를 통해 나의 생각을 상대방에게 알려야 한다. 다만 당신이 대화의 우위를 차지하려면 상대방이 말하기 전에 상대의 속마음을 읽기 바란다.

시점 변화를 통해 타인을 읽는 능력이 뛰어난 사람이 협상에서 우위를 차지하게 된다. 텍사스대학교의 린 밀러 박사는 《스피치 심리학》이란 책에서 시점 획득, 시점 확보가 가장 중요하다고 말했다. 상대방을 설득시키기 위해 자기중심이 아니라 상대방의 시선을 통해 상대방이 중심이 되게 만들어주면, 오히려 상대방에게서 모든 것을 쉽게 얻어낼 수 있다는 말이다.

그 좋은 예가 바로 평창 동계올림픽이다. 우리는 두 번의 실패를 거쳐 세 번만에 올림픽 유치에 성공했다. 두 번째 실패했을 때는 정말 모두가 멘붕이었다. 왜 실패한 것인가 분석에 분석을 거듭하고서 나온 결론은, '남북평화 증진' 같은 메시지는 다른 나라 IOC 위원들에게 뜬구름 잡는 소리였다는 것이다.

그래서 세 번째 프레젠테이션에서는 철저하게 그들이 원하는 것이 무엇인지에 시선을 고정하고 '평창이 동계올림픽의 아시아 시장 개척에 도움이 될 것이란 사실'을 강조했던 것이다.

논리적으로 말하는 최종 목표는 상대방 마음의 문을 여는 것이다. 그러니까 문을 두드리기에 앞서 이미 그 사람 마음의 문 안에 들어간다면 문을 열기는 정말 쉬운 일이다.

• 나와 너 그리고 3인칭 전지적 작가 시점

나와 너라는 단어에 주목해보자. 점 하나만 이리 찍고 저리 찍고에 따라서 달라진다. 나에게 있어서 너는, 너에게 있어서 나, 너에게 있어서 나는, 나에게 있어서 너.

무슨 소리냐? 알고 보면 너나 나나 시선만 달리했다 뿐이지 같은 사람이란 뜻이다. 그래서 이런 명언이 생긴 것이다.

"내가 대접을 받고 싶은 대로 남을 대접하라."

시점 변화에 익숙한 사람들은 말도 예쁘게 잘한다.

"피곤하죠? 좀 쉬었다가 하세요."

"무겁지 않으세요? 제가 좀 들어드릴게요."

반대의 경우를 한번 보자.

"피곤하긴 뭐가 피곤하다고 그래? 어제 일요일이라 잘 쉬었잖아. 난 쉬지도 못했어."

"고게 뭐가 무겁다고 낑낑거려? 내가 들어주고 싶지만 허리 디스크가 있어서……."

제3자의 말로 듣게 되면 굉장히 4가지 없게 들리는 말이다.

그런데 우리 주변에 이렇게 4가지 없이 말하는 분들이 의외로 참 많다.

얼마 전 L모 백화점에 갔는데 화장실에서 볼일을 보고 손을 씻고 있었다. 그런데 여자 미화원이 들어와서는 바닥 청소를 시작했다. 외국 사람들은 깜짝 놀랄 일이지만 우리야 뭐 워낙 익숙해서 그러려니 한다. 그 아주머니가 나한테 이러는 거다.

"손 좀 탈탈 털어요!"

순간 당황했다. 난 우리 마누란 줄 알았다. 잔소리 대마왕!

만약 내가 소변을 볼 때 그 말을 했다면 얼마나 당황했겠나?

"탈탈 털어요!"

순간 불쾌한 느낌이 들었다. 화장실 바닥에 떨어진 물기 때문에 나도 미끄러질 뻔한 경험이 있어서 손을 씻은 다음에 세면대에 손을 터는 편이다. 그리고 또 종이를 한 장만 쓰라고 하면 그렇게 하기도 한다. 처음 만난 아줌마가 퉁명스러운 목소리로 잔소리를 하니까 순간 화가 나는 것이다. 그래서 이렇게 살며시 말했다.

"일하시기 힘드시죠?"

아주머니가 슬그머니 나를 쳐다보았다. 솔직히 그분도 여자인데 남자화장실 청소가 좋을까? 게다가 남들은 즐겁게 웃으며 쇼핑하는 공간에서 쓰레기나 치우려니 얼마나 화가 나겠나. 입장 바꿔 생각하면 그분의 퉁명스러운 태도도 이해할 만하다.

이처럼 순간순간 시점을 변화시킬 수 있는 능력을 발휘할 수 있다면 무슨 말을 해야 하는가는 너무나 간단하다. 나와 너를 바꿔서 생각해보자. 그러면 스피치의 달인이 된다. 그리고 진짜 꿀팁 하나! 나와 너의 시점 변화에 익숙해진 사람들은 제3자의 시선으로 스스로를 바라보는 연습을 하자. 3인칭 전지적 작가 시점, 이러면 당신은 스피치의 신이 될 수 있다.

논리적 소통 2. 목표 없는 말은 수다일 뿐이다

목표를 가지고 대화를 해야 한다. 목적 없는 말은 수다니까.

인간은 깨어 있는 하루 동안 30% 정도 말을 한다고 한다. 강사인 내 경우는 한 50% 정도 하는 것 같다. 내 마누라는 51% 한다. 나한테 지는 법이 없으니까. 어쨌든 많은 말을 하지만 대부분은 쓸데없는 수다다.

우리는 지금 왜 말하기를 배우나? 각자의 목표를 이루기 위한 수단으로 말하기를 배운다. 더 정확히 말하자면 변화를 이끌어내는 '스피치'를 완성해보고자 노력하는 것이다.

매 순간 누구와 대화를 하건, 회의를 하건, 프레젠테이션을 하건, 면접을 보건 어느 순간에도 말하기의 목적을 잊지 말아야 한다. 목적을 이루기 위해서 수천 마디를 해야 할 때도 있고 단 한마디로 충분할 때도 있다.

'필리버스터filibuster, 의사방해'라는 게 있다. 국회의원이 의사 진행을 합법적으로 방해해서 표결 처리를 못 하도록 일부러 장시간 연설하는 것이다. 드라마 〈어셈블리〉에서도 진상필 의원이 25시간씩이나 연설하는 장면이 나온다. 테러방지법 통과를 저지하기 위한 야당의 필리버스터가 있었지만 결국 막지 못했다. 반면 단 한마디로 세상을 바꾸는 사람도 있다. 마틴 루터 킹의 연설 제목이었던 '아이 해브 어 드림', 나폴레옹의 '내 사전에 불가능은 없다' 같은 말들이 그 예다. 따라서 상대를 논리적으로 설득하기 위해서는 '어떻게 말할까'를 고민하지 말고, 어떻게 상대방의 반응을 이끌어낼 것인가에 초점을 맞추기 바란다.

에이브러햄 링컨은 이렇게 말했다.

"연설할 때마다 나는 그들이 듣고 싶어 하는 것이 무엇인지 생각하는 데 3분의 2의 시간을 할애했고, 내가 말하고 싶은 내용을 생각하는 데 3분의 1의 시간을 사용했다."

큰 세일즈 성과를 올리고 회사에 들어온 김 대리. 박 부장이 많은 직원들 앞에서 그를 칭찬한다.

"축하해, 김 대리. 정말 큰일을 했구먼."

만약 당신이 김 대리라면 뭐라고 말할까?

일단 겸손하게 말할까?

"아이, 뭘. 제가 무슨 한 일이 있다고……."

아니면 당당하게 말할까?

"감사합니다. 앞으로도 열심히 하겠습니다."

그러나 김 부장이 듣고 싶었던 말은 이것이 아닐까?

"박 부장님의 가르침이 큰 힘이 됐습니다. 감사합니다."

순간적으로 박 부장의 시선으로 이동할 수 있는 능력이 있다면 이런 대답은 쉽게 나올 수 있을 것이다. 이로써 김 대리는 박 부장과 연결되는 고속도로가 확 뚫리는 거다. 그것도 하이패스로.

논리적 소통 3. 대등관계냐, 대립관계냐

—

논리적 대화법에서 꼭 알아둬야 할 단어들이 있다. 대등관계와 대립관계. 익숙하지 않겠지만 여러분은 이 공식을 이미 대화나 회의, 프레젠테이션 등에서 자주 사용하고 있다.

거래처와의 대화 하나. "이번 제품은 정말로 광풍을 일으킬 겁니다. 예를 들면 애플에서 아이폰을 출시했을 때나 화이자에서 비아그라를 출시했을 때와 같은 격한 반응을 몰고 올 것입니다."

"김 과장, 지난번에 마신 맥주가 맛있다고 했지? 이 맥주도 그 회사에서 나온 거야. 한번 마셔 봐. 맛있을 거야."

"이 치약을 사용한 소비자의 89%가 재구매를 결정했다고 합니다."

이렇게 설득하는 방법이 바로 비슷하거나 대등한 예를 활용하는 대등관계다. 다음은 대립관계인데 서로 다른 양쪽을 비교해서 설득하는 방법이다.

"다이어트 해? 안 먹는 걸로 살 빼지 말고 운동을 하란 말이야. 그게 더 살이 잘 빠져."

이렇게 말하는 건 논리적이지 않다. 대립관계를 이용해서 설득하자면 "안 먹어서 빠진 살은 한 달 만에 요요현상이 생기는데 운동으로 빠진 살은 요요현상이 없지. 근육으로 바뀌었기 때문에."

"휘발유 차를 살까 경유 차를 살까 고민하는 사람에게 "휘발유 차 사"라고 막연히 말하기보다는, "휘발유 차 사. 가격도 싸고 소음도 덜하고 수리비도 싸다고."

"하지만 경유 차는 연료 값이 싸고 세금도 싸잖아."

"그렇지만 환경을 생각해 봐. 휘발유 차가 낫지."

이런 대화가 바로 대립관계를 활용해 논리를 전개하는 표현이다.

- **원인 규명 vs. 인과관계**

대등관계나 대립관계로 설명할 때 구체적으로 드는 예가 왜 근거가 되는지 상대방이 납득할 수 있으려면 좀 더 노력을 기울여야 한다. 이를 원인 규명이라고 한다.

"운전 중에 스마트폰을 사용하면 안 돼."

"왜 안 되죠?"

"그냥 위험하니까 하지 마"라고 잘라버리는 것보다는 "캐나다 토론토 대학의 연구결과에 따르면 운전 중 통화는 혈중알콜농도 0.1%의 음주운전과 같아서 사고위험이 4배로 높아진대" 하는 게 더 설득력이 있다.

그러니까 원인 규명은 자신의 주장을 먼저 말하고 구체적인 증거를 제시하는 방식이다. 인과관계는 반대로 구체적인 예를 먼저 나열한 다음에 그것의 공통점을 찾아서 자신의 주장을 말하는 방식이다.

"김 대리는 술에 약하고, 이 과장님은 술을 안 드시고, 박 부장님은 운전해서 집에 가셔야 하고, 저도 지금 한약을 먹고 있기 때문에 오늘 회식은 술 대신 볼링장으로 가는 게 좋겠네요."

우리나라 사람들은 마지막에 자기주장을 펼치는 것을 좋아한다. 그래서 원인 규명보다는 인과관계를 많이 사용한다. 다만 회의나 프레젠테이션의 경우에는 먼저 결론을 말하고 설명을 하는 원인 규명이 효과적일 때가 많다.

- **내 주장을 뒷받침해주는 요소**

마지막으로 내 주장을 뒷받침하기 위해 꼭 필요한 요소들이 있다.

- 적절한 단어 선택
- 구체적인 자료
- 간략한 사례
- 정확한 통계자료
- 전문가의 증언

적절한 단어 선택 : 시장에선 시장의 언어, 회사에선 회사의 언어가 필요하다.

구체적인 자료 : 자료가 충실하냐 부실하냐에 따라서 상대방의 의사결정이 좌우된다.

간략한 사례 : 좋은 사례는 사람들의 마음을 쉽게 움직인다. 그러나 꾸며지거나 엉뚱한 사례는 모든 말을 의심하게 하는 부작용을 초래한다. 특히 출처가 불분명한 사례를 진짜인 양 사용한다면 최악의 결과를 불러올 수도 있다.

정확한 통계자료 : 숫자는 신뢰를, 그러나 부정확한 숫자는 망신을 불러온다.

전문가의 증언 : 믿을 수 있는 사람의 말은 항상 믿음이 간다. 상대방이 믿는 전문가를 빨리 알아내는 것이 관건이다.

신상훈의 핵심톡킹 7

타인을 읽는 능력을 키우는 법
1. 시점의 변화가 필요하다.
2. 목표를 가지고 말하라.
3. 대등관계인지, 대립관계인지를 파악하라.

TALK 8

설득하면 돈이 생기고, 설득당하면 돈을 잃는다

 설득할 것인가, 설득당할 것인가, 이것이 문제다. 왜냐하면 돈과 직접적인 연관이 있기 때문에. 나도 회사원 시절이 있었다. 대우전자에 다닐 때 아침에 넥타이 매고 지하철에 매달려서 8시까지 출근하곤 했다. 내 차를 타고 다닐 수가 없었기 때문이다. 대우차가 아니었기 때문에.
 지금은 OCN으로 넘어갔는데 케이블 TV 초창기 대우영화케이블DCN이었던 때에 잠깐 편성PD로 근무를 했다.
 하루는 총책임을 맡은 전무님, 그분이 누구냐면 김우중 회장의 처남이다. 그분이 전 사원을 모아놓고 이런 질문을 했다.
 "회사가 뭐라고 생각합니까?"
 이런저런 대답들이 이어지다가 내 차례까지 왔다.

"신 대리는 회사가 뭐라고 생각하지?"

"네, 돈으로 숨을 쉬는 유기체입니다. 사람이 공기를 마셔야 사는 것처럼 회사는 돈을 벌어야 살아갈 수 있습니다."

더 이상 물어보지 않았다. 아마도 내 답이 그분이 원했던 정답에 가까웠나보다. CEO 입장에서는 회사에 나오는 직원들을 보면 놀러 나오는지 친목 도모를 하러 나오는지 가끔 답답할 것이다. 돈을 버는 게 목적인데 그걸 망각하는 직원들이 눈에 띈다. 마음이 다르고 입장이 다르니 설득이 중요할 수밖에. 기억하자. 설득하면 돈이 생기고, 설득당하면 돈을 잃게 된다.

설득의 절대 요소 : 긍정적 감정을 자극하라

이렇게 중요한 설득에서 가장 중요한 요소는 무엇일까? 예전에 한 드라마에서 본 내용이다. 위층과 층간소음 문제로 분쟁이 생겼는데 항의하러 올라가는 남편에게 아내가 말한다.

"여보, 절대로 이성을 잃으면 안 돼. 차분하게 대화를 해요, 차분하게. 절대 감정적으로 대처하지 마세요. 그러다가 싸움 나요."

협상 테이블로 나가는 직원들에게 이렇게 말하는 상사도 있다.

"절대 감정적으로 대처하지 마. 이성적으로 판단하라고."

이것이 맞는 말일까?

하버드대학교 국제협상 프로그램의 설립자인 다니엘 샤피로 교수는 정반대의 주장을 펼쳤다.

"협상에서 감정에 치우치지 말라는 말을 하지만, 협상에 성공하려면 감정을 자극하라."

그런데 여기서 감정은 그냥 감정이 아니라 긍정적 감정이다. 긍정적 감정을 자극하면 협상이 수월하게 이뤄진다는 주장이다. 나도 처음에는 이해가 안 갔다. 설득에 관련된 책들을 볼 때, 이성적인 판단과 논리, 이런저런 자료와 증거로 상대방을 옴짝달싹 못하게 옭아매서 도장을 꽝! 찍을 수 있도록 항복을 받아내는 것이 협상이고 설득이라고 생각했기 때문이다. 그러나 남북관계를 한번 생각해보라. 이혼 직전의 부부관계를 생각해보라. 재산싸움 중인 형제들을 한번 보자. 논리가 통하나? 오직 감정뿐이다. 그래서 협상이나 설득도 감정이 문제라면 그 문제를 풀 수 있는 열쇠도 역시 감정이 쥐고 있다고 본 것이다. 감정을 흔들라, 감정에 호소하라, 감정을 매만져 보라. 불가능한 일일까?

라만차의 사나이, 돈키호테의 작가 세르반테스는 이렇게 말했다.

불가능한 것을 얻으려면 불가능한 것을 시도해야 한다. _세르반테스

나에게 매년 설이면 설, 추석이면 추석 선물을 보내는 CEO가 있다. 교땡치킨 사장이다. 우리나라에 치킨집이 얼마나 있는지는 모르지만 엄청 많다는 것은 안다. 오죽하면 치킨공화국이란 말까지 생겼을까. 그렇게

많은 치킨집이 경쟁을 하는데도 1,000여 가맹점을 갖고 있는 교땡치킨은 제법 탄탄하다. 일단 창업 이야기만 들어봐도 대단하다.

개업 초기 하루 1~2마리 팔던 가게에서 뭐 할 일이 있었겠나? 그러니까 매일 114에 전화를 했단다. 교땡치킨 전화번호 좀 알려주세요. 하루에도 30~40번씩. 그랬더니 나중에는 전화 교환원들이 "여기가 엄청 맛있나 봐. 우리도 시켜 먹을까?" 그래서 소문이 나기 시작했다는 것이다.

"육땡약국 갑시다" 하고 택시를 탈 때마다 선전한 그분과 비슷한 얘기다. 이런 독특한 시도를 했기 때문에 지금의 수천 억 회사로 키울 수 있었던 것이다. 여러분도 만약 "이 책 본다고 내가 정말 말을 잘하게 될까?" 의심이 된다면? 그래도 꾸준히 노력해보라. 나도 태어나서 말 한마디 못하다가 '엄마' 소리를 1년 만에 처음 배우고 지금은 유명 강사가 됐다.

설득의 달인 공식 : '친인척 최고'

―

설득은 상대방의 태도나 신념, 가치관을 자신이 의도하는 방향으로 일치하도록 변화시키거나 재강화하는 행위(임태섭 저, 《스피치 커뮤니케이션》 중에서)이다. 쉽게 말해서 상대방의 생각을 내 생각으로 바꾸든가, 상대방이 내 생각에 더 동조하도록 만드는 과정이 설득이다.

직장에서 점심 한 끼 먹는 것도 쉽지 않다.

"구내식당으로 갈까, 외식할까? 한식? 중식? 양식? 중식이면 짬뽕,

자장면?"

말은 아무거나 먹겠다고 하지만 아무거나 사줬다가는 큰일 난다. 설득의 과정을 당신이 좋아하는 식당으로 팀원들을 데려가는 일이라고 생각해보라. 성공하면 설득의 달인, 실패하면 설득의 루저.

나는 간단히 설득할 수 있다.

"제가 쏘겠습니다. 보신탕 드시러 가시죠."

"어머, 저는 보신탕 못 먹는데……."

"걱정 마세요. 그 집에 삼계탕도 있어요."

내가 100% 양보하면 모두 설득된다. 그러나 비즈니스 세계에서 나만 손해 보는 장사를 할 수가 없다. 거기서 딜레마가 생긴다. 50 대 50, 딱 반씩 양보해서 결정하면 쉬울 텐데 시점에 따라 달라 보인다. 남의 떡이 커 보이는 법. 그래서 나에게 유리한 협상과 설득을 끌어내는 공식을 여러분께 공개하도록 하겠다. 긍정적 감정을 자극해서 설득을 이끌어내는 공식이다. 내가 다 만든 건 아니고 이런저런 책과 자료, 인터넷을 검색해서 나온 내용을 참고해서 내 맘대로 만들었다. 이걸 적용해 보니까 실제로 설득이 쉽게 된다. 직장, 가정, 학교, 모임, 데이트 어디에서건 활용할 수 있는 만능공식이다.

<u>설득의 공식 : 친인척 최고</u>
- 친 : 친밀감을 높여라
- 인 : 인정하고 인정받고

- 척 : 척 (스스로 결정하는 척 느끼도록)
- 최 : 최종 결정은 확실하게
- 고 : 고맙습니다

요즘 집안끼리 싸우느라 안 보고 사는 집도 많다고 하지만, 그래도 '피는 물보다 진하다'는 말이 있다. 친인척이 최고다. 설득의 공식도 바로 '친인척 최고.' 따라 해보자. 친인척 최고!

• 친밀감을 높여라

말 잘하는 사람이 되려면? 먼저 좋은 사람이 되어야 한다고 강조했다. 상대방의 마음을 여는 데는 좋은 사람이 최고이며, 이는 설득에서도 마찬가지다. 좋은 사람이 설득도 잘한다. 이 의견에 분명 반대할 사람이 있을 것이다.

'좋은 사람은 이용만 당한다', '독해야 잘산다', '사람 좋다는 말은 바보 같다는 뜻이다.'

물론 현실세계에서는 나쁜 사람들이 권력을 잡고, 돈을 더 많이 버는 것처럼 보인다. 자기의 목적을 위해 윤리적 방법을 버리고 더러운 지름길로 가는 사람들이 많다. 그러나 비윤리적으로 얻은 부와 명예는 모래 위에 쌓은 성과 같다. 짧게 보지 말고 길~게 보자. 우리는 지금 윤리적, 도덕적 방법으로 설득하는 것을 배우는 중이지, 사기와 협잡으로 이득을 취하는 걸 배우는 게 아니다. 그걸 배우려면 여의도로 가시길…….

보통 독한 사람에게는 마음이 잘 열리지 않는다. 일단 사람이 좋아야 한다. 그래서 설득의 첫 단계는 상대방과 친밀감을 높여야 할 필요가 있다. 친밀감을 높이는 데는 칭찬이 좋다. 나도 강의 끝난 다음에 "내가 들어본 강의 중에 최고로 멋진 강의입니다"라고 칭찬을 받으면 책을 선물로 보내준다. 물론 착불로. 칭찬은 고래도 춤추게 하고, 고래 잡은 중2도 춤추게 한다. 칭찬하며 친밀도를 높이면 설득시킬 확률도 같이 높아진다.

• 인정하고 인정받고

'호랑이는 죽어서 가죽을 남기고 사람은 죽어서 이름을 남긴다.'
사람은 인정받으려고 산다.

일본 막부시대의 사무라이나 중국의 호위무사들은 주군을 위해 목숨을 내놓는다. 아무 주군에게나 충성하는 것이 아니라 자기를 인정해주는 주군에게만 그렇게 한다. 먼저 상대를 인정해주면 상대도 당신을 인정해준다.

"여기 사장 나오라고 해!"

이렇게 소리치는 소비자가 사장을 만났다는 얘기를 들어본 적이 없다. 일이 해결되지도 않을 거다.

미국으로 가는 비행기에 짐을 부치는 중이었다. 하필 다른 때보다 가방이 무거웠다. 생각지 못한 추가요금을 내려니까 눈물이 나온다.

"미영 씨, 미안해서 어쩌죠?"

"무슨 일이신데요?"

"미영 씨라면 아마 이 문제를 해결해주실 분 같은데……. 내가 다이어트를 해서 살을 5kg 뺐는데, 이놈의 가방은 5kg이 더 나가지 뭐예요. 어떡하죠?" 덕분에 추가요금을 안 내고 가방을 부칠 수 있었다.

• 스스로 결정하는 척 느끼도록

협상에서는 칼자루를 쥐고 있는 쪽이 이긴다. 내가 쥐고 있더라도 상대방이 쥐고 있는 척 생각되도록 만드는 게 설득의 기술이다. 특히 상대방에게 그런 척 느끼게 하려면 풍부한 자료를 제공하고, 그들에게 어떤 이득이 돌아갈지 계산해주고, 윤리나 도덕적으로 가치가 있어서 어느 편에 서야 할지 끊임없이 정보를 제공해야 한다.

골프장에 갈 때마다 비거리가 안 나서 고민이었다. 그래서 드라이버를 바꾸려고 골프숍에 갔다. 친구가 그곳에서 60만 원에 샀다는 얘기를 이미 듣고 갔기 때문에 마음 편하게 흥정할 수 있었다. 그쪽에서 처음에 70만원을 불렀다.

"에이, 좀 깎아줘요. 멀리서 왔는데 기름 값이라도 빼줘야지."

"그럼 65만 원에 드리죠."

"저녁도 못 먹고 왔는데 밥값 좀 빼줘야지. 사장님이니까 가능하잖아요."

"헤헤, 저 여기 사장 아니에요. 종업원이에요."

"사장처럼 생겼는데 뭘. 거짓말하지 말고, 사장님, 좀 더 빼줘요."

"그럼 60만 원에 드릴게요. 정말 남는 거 없이 드리는 거예요."

"에이, 내 친구가 60에 샀다고 자랑했는데 난 천 원이라도 빼줘야지. 그놈한테 지고는 못 살거든."

"그럼 59만 원에······."

"그럼 더 깎아달라고는 안 할 테니까 나 장갑하고 볼 좀 줘요."

"아, 이러시면 안 되는데. 사장님이 아시면······."

"에이, 자기가 사장이면서······. 아, 사모님이 사장이구나. 그럼 사모님 없을 때 양말도 좀 챙겨줘요."

나는 기분 좋게 드라이버에 장갑, 공과 양말까지 챙겨왔다. 골프숍도 이것저것 팔았으니 손해는 아니다. 상대방을 기분 좋게만 해준다면 어떤 조건에서 협상이 이뤄지든 설득은 성공한 것이다.

내가 살 건지 말 건지 결정권을 쥐고 있었지만, 직원에게 그 결정권이 있는 척 대화를 이끌어 간다면 설득은 성공할 수밖에 없다.

• 최종 결정은 확실하게

최종 결정은 빠르고 확실하게 해야 한다. 사인을 확실히 받아둬야 안심할 수 있다. 대충 구두로 이뤄진 계약은 돌아서고 나면 쌍방이 후회를 하고 슬쩍 무르고 싶어진다. 상품 구매를 결정하고 돌아서면서 후회한 경험이 다들 있을 것이다.

나는 결혼식에서 딴따다, 퇴장하면서부터 후회가 되었다. 번복하지 못하도록 백화점에서 손님에게 결제 사인을 받는 것처럼, 결혼식장에선 부부에게 선서를 시키는 거다. 최종 결정은 빠르고 확실하게.

• **고**맙습니다

최종 결정까지 깔끔하게 하는 사람들도 마지막 단계를 빼먹는 경우가 많다.

"저 사람 안 되겠구먼. 화장실 들어갈 때 다르고 나올 때 다르다더니."

세일즈맨들은 이런 소리를 들으면 수년 내로 직업을 바꿔야 한다. 발 없는 말이 천 리 가기 때문이다. 내가 경험한 보험 세일즈맨 중에 이런 사람이 있었다. 가입하기 전에는 간이라도 빼줄 듯이 하다가 서류에 사인하자마자 발길을 딱 끊더니 이제는 아예 연락도 없다. 반면에 권득노라는 자동차 세일즈맨은 지금까지 기억이 난다. 실명으로 얘기하는 이유는 칭찬을 해주고 싶기 때문이다.

이분에게 2002년도에 차를 샀다. S로 시작하는 차를. 그런데 10년이 넘게 문자가 왔다. 비가 오면 '빗길에 조심해라', 눈이 오면 '체인 준비해라.' 그러다가 2012년 또 차를 사려고 하는데 그 사람이 생각났다. 그래서 전화를 했더니 B로 시작하는 외국차 회사의 딜러가 되어 있었다. 그래서 그 차를 사기로 결정했다. 최종결정 후에도 초심과 다름없이 한결같이 감사하는 사람들은 다음 번 설득이 너무 쉽게 이뤄진다.

세상은 이런 이치는 아는 사람과 모르는 사람으로 나뉜다. 전자는 부를 누리고 후자는 부를 차버리고…….

설득의 공식을 항상 기억하기 바란다. 친인척 최고!

마음을 얻는 설득의 기술

• 욕망을 자극하라

사람은 욕망이란 이름의 전차를 타고 달리는 존재다. 인생의 많은 결정들은 대부분 욕망을 채우기 위한 것들이다. 따라서 상대방을 설득하려면 상대방의 욕망을 이용해야 한다. 강남에 가면 성형외과 광고를 많이 볼 수 있다. 가장 기억에 남는 것은 이거였다. "너만 안 했다."

• 쉼표를 찍어라

축구도 전후반이 있고 공연에도 인터미션이 있다. 설득의 대화 중에도 쉼표가 필요하다. 막간을 이용해서 상대방도 정리할 시간이 필요하고 긴장감을 늦출 수도 있어야 한다. 너무 뜨겁게 대화가 이뤄진다면 잠깐 한발 뒤로 물러나라.

"죄송한데, 화장실 좀 다녀오겠습니다."

잠시 후 돌아와서 "화장실이 정말 깨끗하네요. 우리 어머니가 그러셨죠. 그 집을 알아보려면 화장실에 가보라고. 이 회사 화장실이 깨끗한 거 보니까 여기와 계약을 맺어도 될 것 같네요. 다만 휴지가 떨어져 있던데……. 5%만 가격을 깎아주시면 안 될까요?"

• 이득이 됨을 알려라

설득이 왜 어려운가? 우리는 본능적으로 상대방의 제안에 거부를 하려는 성향이 있기 때문이다. 백화점 음식 코너를 지날 때 "샌드위치 사세요~" 그러면 "네" 하고 달려가는가? 아니다.

그래서 이렇게 외치는 거다. "샌드위치 사세요. 3개 골라잡아 만 원. 마감세일 만 원." 그러면 1만 2,000원에 팔던 걸 2,000원 깎아준다니까 들여다보는 거다. 사람은 누구나 나에게 이득이 되어야 행동에 옮긴다.

• **긴장을 유발시켜라**

백화점 음식 코너의 마감 세일이 2시부터 시작되는 것을 아는가? 만약 세일 없이 판매를 하면 안 팔릴 테지만 마감세일이란 말을 들으면 빨리 사야 한다는 충동을 느낀다. 그래서 홈쇼핑에서도 마감이다, 마지막 찬스다, 매진이다를 외치는 거다.

"아이들용 영어 회화책입니다. 시간 되시면 설명 좀 들어보세요. 안 되세요? 그럼 다음에 또 올게요." 이렇게 해서는 하나도 못 판다.

"이 집에도 아이가 있으신가 봐요. 옆집에 상담 왔는데 5분 정도 기다려야 하거든요. 잠시만 설명 좀 들어보실래요? 딱 5분밖에 시간이 없지만 금방 이해할 것 같으시네요."

• **'이에는 이, 눈에는 눈'을 잊어라**

상대가 화를 내면 나도 화를 내고, 상대가 궤변을 늘어놓으면 나도 궤변을 늘어놓으라고 가르치는 사람이 있다. '눈에는 눈, 이에는 이' 그러다가는 모든 것이 불통이 되고 만다. 말이 안 통하는 사람과의 가장 좋은 소통 방법은 피하는 것이다.

소나기가 오면 잠시 피하면 된다. 태풍도 길어야 사나흘이다. 노아의 방주 때도 결국은 그치지 않았는가. 잠시 피하는 것도 좋은 협상법이다. 손자병법의 36계 줄행랑을 떠올려도 좋다.

> **신상훈의 핵심톡킹 8**
>
> **1. 설득 달인의 성공 공식 : '친인척 최고'**
> 1) 친밀감을 높여라.
> 2) 인정하고 인정받아라.
> 3) 척(스스로 결정하는 척 느끼도록)
> 4) 최종 결정은 확실하게 하라.
> 5) 고맙습니다.
>
> **2. 마음을 얻는 설득의 기술**
> 1) 욕망을 자극하라.
> 2) 쉼표를 찍어라.
> 3) 이득이 됨을 알려라.
> 4) 긴장을 유발시켜라.
> 5) '이에는 이, 눈에는 눈'을 잊어라.

TALK 9

귀에 쏙쏙
들어오게 말하는 기술

　내용과는 상관없이 귀에 쏙쏙 들어오는 말이 있고 귓가를 떠도는 말이 있다. 간혹 거슬리는 말도 있는데 목소리 때문에 그렇다. 지금 그동안 사용하던 자신의 목소리를 한번 점검해보자. 자신의 목소리를 점검하는 가장 좋은 방법은 녹음기를 사용하는 것이다. 따로 살 필요 없이 스마트폰에 녹음 기능이 있으니 한번 녹음해서 들어보라.

　"아, 아, 마이크 테스트" 이렇게 녹음하지 말고, 책의 일부분을 읽어보든가 다른 사람과 대화할 때 자연스럽게 녹음해서 들어보라.

　그러면 아마도 깜짝 놀랄 것이다. 나도 그랬다.

　"아니, 내 말이 이렇게 빨라? 틀리는 부분이 엄청 많네. 목소리가 너무 커."

자신의 목소리를 녹음해서 들어보면 대부분은 실망한다. 현영처럼 모기 소리같이 앵앵거린다든지, 강호동처럼 사투리가 심하다든지, 박경림처럼 녹슨 소리가 난다든지, 노홍철처럼 빠르고 촐싹댄다든지, 박명수처럼 호통만 친다든지……. 그래도 걱정 마시라. 왜냐하면 지금 언급된 사람들도 방송 활동 잘하고 있다. 아나운서 시험을 보거나 쇼 호스트가 될 생각이 아니라면 목소리에 너무 신경 쓰지 마시라. 연설의 교과서처럼 여겨지는 게티즈버그의 에이브러햄 링컨도 사실은 목소리가 거칠었다고 한다. 윈스턴 처칠도 발음이 불안정하고 말을 더듬기까지 했다.

그렇다고 본인 스스로 느끼고 있는 목소리의 단점을 그대로 놔두면 안 된다. 고쳐나가도록 노력해야 한다. 그렇다고 "경찰청 쇠창살은 외 철창살이냐 쌍 쇠창살이냐" "지붕 위에 콩깍지가 깐 콩깍지냐 안 깐 콩깍지냐" 이런 걸 하고 있을 수는 없다. 내가 항상 강조하는 것, 스피치는 SKILL이 아니라 KILL이다. 죽이는 한마디가 필요하다.

그럼 목소리의 기본 요소를 살펴보자.

목소리를 점검하는 6가지 요소

—

- 크기

크기는 볼륨, 성량이라고도 할 수 있다. 마이크가 없던 시절에는 목소리가 컸어야 했다. 그러나 이제는 마이크 성능도 좋고, 방음 시설도 잘

되어 있어 클럽이 아니라면 목소리 높여서 꽥꽥 소리 지를 일은 없다. 오히려 불필요하게 큰 목소리는 상대방에게 불쾌감을 준다. 대화에 있어서도 목소리의 크기를 잘 조절해야 한다.

나이가 들수록 자기도 모르게 목소리가 커지는 CEO들이 많다. 체력이 좋아지는 게 아니라 귀가 안 들려서 생기는 현상이다. 아주 친한 사람에게 자주 물어보라.

"내 목소리 적당해?"

그리고 기왕이면 이런 것도 함께 물어보라. "내 입에서 냄새 안 나?"

그런데 CEO의 목소리는 일반인보다 좀 클 필요가 있다. 왜냐하면 목소리가 자신감을 뜻하니까. 앞에서 말한 광고 "아이들 성적이 오르면 목소리가 커져요"에서 보듯 목소리는 자신감이다. 그러니까 성적을 높이고 싶다면 목소리를 약간 높여라. 일본전산에서는 직원들을 뽑을 때 목소리 큰 사람을 뽑는다는 말도 있다. 그래도 목소리의 크기는 상황과 대상에 맞춰 조절하기 바란다.

• 빠르기

말의 속도를 말한다. 영어를 기준으로 사람들은 보통 1분에 120~150단어를 말한다고 한다. 프랭클린 루스벨트 대통령은 110단어로, 케네디 대통령은 180단어로 말했다고 한다. 속도도 환경과 대상에 따라 달라져야 한다. 예를 들어 급박한 상황을 보고할 때는 빠르게, 정확을 요하는 내용을 설명할 때는 천천히. 반대로 하면 큰일 난다.

"저, 사장님. 저, 집에서 뭔 일이 있는 거 같은데······. 뭐냐, 집에 불이 났다나 뭐라나······."

나는 강의를 할 때 조금 빠르게 하는 편이다. 최대한 느리게 하려고 해도 잘 안 된다. 빠르게 말하는 사람들은 특징이 있다. 머릿속에서 생각이 빠르게 돌아가니까 혀도 빠르게 돌아가는 것이다. 그래도 천천히 말해야 할 때는 그렇게 해야 한다.

영화 〈신세계〉에 나오는 명대사가 있다.

"죽기 딱 좋은 날씨네."(박성웅)

사실 이 대사는 미국 인디언들이 싸움에 나가기 전에 했던 말이라고 전해진다.

"싸움하기 딱 좋은 날이다."

그들은 죽음을 각오하고 전쟁에 나갔기 때문에 총을 든 기병대와의 전투에서 분연히 맞서 싸울 수 있었던 것이다.

우리도 항상 이런 자세로 하루를 시작하자.

"일하기 딱 좋은 날씨구먼······."

• 높낮이

영어로 피치pitch, 고저라고 한다. 목소리가 높고 낮은 것을 말하는데 크고 작은 것과 차이가 있다. 피아노를 생각해보자. 왼쪽을 두드리면 낮은 소리가 나지만 건반을 세게 두드리면 낮지만 큰 소리가 난다. 반대로 오른쪽 건반을 두드리면 높은 소리가 나지만 아주 여리게 건반을 두드리면 작은 소리가 난다.

목소리의 고저를 잘 활용하면 억양이 생긴다.

"안녕하세요? 어서 오세요! 환영합니다~."

그런데 고저를 활용하지 않으면

"안녕하세요- 어서 오세요- 환영합니다-."

실제로 이런 강사나 교사들이 있다. 일정한 톤으로만 쭉 강의를 한다. 그럼 청중들에게는 자장가로 들린다. 홍콩에서 실제로 있었던 일이라고 한다. 한 항공사의 승무원들이 파업을 했는데 웃음만 파업을 했다. 그전에는 비행기가 이상기류를 만나면 이렇게 대응했다.

"이봐요. 비행기가 왜 이렇게 흔들려요?"

"손님, 너무 걱정 마세요. 잠시 후면 정상으로 돌아올 테니까. 안전벨트 잘 매셨죠?"

그런데 파업을 했을 때는 이러고 말았다.

"나도 몰라요. 어떻게 되겠죠. 안전벨트는 잘 매셨죠?"

영어는 억양이 중요하니까 "하우 아 유? 파인, 탱큐~"는 잘하면서 우리말은 그냥 단조롭게 "만나서 반갑습니다-" 이렇게 발음하는 사람들이 의외로 많다. 본인의 높낮이도 녹음해서 체크해보기 바란다.

- 길이

목소리의 길이는 단어를 발음할 때 얼마나 오래 끌며 발음하느냐의 문제다. 중국은 사성이 있지만 우리나라 말은 고저를 구분하지 않고 장단, 그러니까 길이만 구분하기 때문에 긴소리와 짧은 소리를 구분해서 발음해야 한다.

우리가 보는 눈과 하늘에서 내리는 눈은 발음이 같지만 말을 할 때는 길고 짧음이 다르다. 어느 것이 짧을까? 보는 눈? 하늘에서 내리는 눈? 맨날 헷갈려서 이렇게 외웠다. '누~운이 나리네. 당신이 가버린 지금', '눈으로 말해요' 그러니까 하늘에서 내리는 눈은 길게 발음하고 얼굴에 있는 눈은 짧게 해야 한다.

길게 발음하면서 쓸데없는 잡소리를 내는 사람도 있는데 이런 습관은 버리는 것이 좋다. 에……. 저……. 또……. 음……. 마……. 쩝쩝거리거나 쯧쯧……. 이런 불필요한 소리를 내는 것도 경계해야 한다. 특히 방송이나 강의에서는 이런 잡소리가 귀에 많이 거슬린다. 나도 주의를 하는 편이지만 혀를 자꾸 내미는 습관이 있다. 상대를 놀리는 게 아니라 입술이 말라서 그러는 거니까 용서해주기 바란다. 그런데 이런 잡소리를 오히려 장점으로 바꾸는 사람도 있다. 예를 들어 도올 김용옥 선생. '에~' 이걸 추임새로 활용한다. 만약 도올 강의에서 '에~' 소리를 뺀다면 이제는 이상하게 들릴지도 모르겠다. 단 여러분이 도올이 아닌 다음에야 쓸데없는 잡소리는 빼는 게 듣기에 좋다.

• 멈춤

쉬기, 포즈pause라고 한다. 솔직히 말을 하지 않는 순간인데 어떻게 목소리의 6가지 요소 중에 포함되는지 궁금하지 않은가? 소리가 나지는 않지만 이 멈춰진 순간이 대단히 중요하기 때문이다. 소설가 마크 트웨인은 이런 말까지 했다.

"적절한 단어도 효과적이지만, 적절한 타이밍의 멈춤보다 효과적인 단어는 없다."

정말 멋진 말은 왜 마크 트웨인이 다 해버렸는지 모르겠다.

사랑을 고백하는 남자가 "내가 너에게 마지막으로 하고 싶은 말은……." 그 순간의 멈춤은 사랑이란 단어보다 더 짜릿하다.

직장에서도 이런 기술을 잘 사용해보라. 사장이 사무실에 들어간 순간, 직원들이 일 안 하고 놀면서 난장판이라면 "내가 내가 이래서 사무실을 못 비워요. 도대체 나 없으면 일 안 하고 놀기만 하는 거야!"라고 소리 지르기보다는, "김 과장 이하 모든 직원은…… 아닙니다" 하고 자리를 떠난다면 더 효과적이지 않을까?

문장에띄어쓰기가없다면답답해미쳐버릴거다. 으~~

악보에 쉼표가 없으면 가수들은 다 죽어버릴 거다. 숨이 막혀서.

그러니까 말하기에서도 중간중간 적절한 쉬어가기를 잘 활용한다면 다다다다 쉬지 않고 말을 쏟아내는 스피커보다 훨씬 강력한 인상을 심어줄 수 있을 것이다. 여기서 잠깐 쉬어 가자.

• 강조

힘주기 또는 강세라고 할 수 있다. 단어나 특정 구절을 강조하는 방법인데, 잘 활용하면 주제를 전달하는 데 도움이 되지만 잘못 사용하면 못된 습관이 되어 듣는 사람에게 불편함을 줄 수가 있다.

초등학교 4학년 때 웅변대회에 나간 적이 있다. 학원에서 배운 아이들을 따라 한답시고, "이 어린 연사 힘주어, 힘주어 외칩니다" 하며 계속 연습하다 보니까 나도 모르게 습관이 되었다.

"어머니, 이 아들에게 물 한 모금 주지 않으시렵니까?"

강조의 방법으로는 세게 발음하는 것도 있지만 천천히 또박또박 발음하는 것도 좋은 방법이다.

얼마 전 연세대 앞을 지나가는데 웬 여자 둘이 다가오더니, "얼굴에 복이 많이 있게 생기셨네요" 하더라. 평소에는 "제 구역입니다" 그랬는데 그날은 이렇게 말했다. (또박또박) "복이 많이 있다고요?"

그랬더니 두 사람은 내게 더 말을 걸지 않고 가던 길 가버렸다.

또한 강조의 용법으로 작게 말하기, 즉 더 귀 기울이게 하는 방법도 있다. 시끄러운 교실에 나타난 선생님께서 "조용히 하란 말이야!"라고 크게 외치기보다는, "야! (작게) 조용히 해!" 하면 쥐 죽은 듯 교실은 조용해진다. 일순간에 쏴 하고 분위기가 가라앉는다.

목소리의 완성은 자신감이다

아직도 자기 목소리에 자신 없는 분이 많을 것이다. 발음이 나쁘다, 힘이 없다, 입을 적게 벌린다, 사투리가 안 고쳐진다.

그런 문제를 해결하는 가장 좋은 방법은 뭘까?

다시 태어나는 거다.

그럴 수 없을 때는 복식호흡부터 시작하라. 목소리는 목에서 나오는 것 같지만 실질적으로는 배에서부터 우러나와야 한다.

바이올린을 켤 때 줄에서 소리가 나나? 기타를 칠 때 줄에서 소리가 나나? 아니다. 울림통에서 소리가 나오는 것이다. 복식호흡을 통해 횡격막을 늘려주면 소리에 깊이가 생기고 울림이 생겨서 듣기 좋고 신뢰감이 생기는 목소리가 되는 것이다. 그것을 복식발성이라고 한다.

그럼 복식호흡은 어떻게 연습할까?

초음파로 간 검사 받을 때 간호사들이 이렇게 말한다.

"배를 내밀고 숨을 들이마시세요. 더, 더, 더⋯⋯."

보통 숨을 내쉴 때 배가 나오고 들이마실 때 배가 들어간다. 복식호흡은 반대로 하는 거다. 들이마실 때 배가 나오고 내쉴 때 배가 들어가고. 이걸 무의식적으로 할 때가 있다. 많은 사람이 지켜보는 무대에 오르기 직전, 혹은 면접을 보러 들어가기 전, 영화를 보면 주인공들은 큰 결심을 하기 전 크게 호흡을 가다듬는다. 바로 그거다. 호흡을 통해 자신감을 얻으려고 할 때다.

솔직히 짧은 시간에 목소리가 바뀔 기대한다는 것은 무리다. 그러나 목소리를 자신감 있게 만들어낼 수는 있다.

크게 호흡하고, 큰 목소리로 또박또박 발음하며 여유를 갖고 발음한다면 당신의 목소리는 자신감을 얻어 상대방 귀에 쏙쏙 꽂힐 것이다.

목소리에 자신이 없다면, 이건 정말 특급 비밀처방인데, 내 말을 듣는 상대방이 나를 사랑하는 사람이라고 생각해보라. 그 대상이 어머니여도 좋고, 아내여도 좋고, 남편이어도 좋고……. 나를 사랑하는 사람에게 말을 할 때는 누구나 자신감이 생기는 법이니까.

신상훈의 핵심톡킹 9

귀에 쏙쏙 들어오게 말하는 비법은 자신감 있는 목소리에 있다.
녹음기를 꺼내 지금 어떻게 말하고 있는지 녹음하여 들어보라. 목소리의 크기는 어떤지, 빠르기는 적당한지, 높낮이를 효과적으로 사용하고 있는지, 말의 길이는 적당한지, 멈춤이나 강조를 잘하고 있는지 등을 살펴보라.

TALK 10

말보다
몸이 먼저 보인다

몸으로 말하는 보디랭귀지에 대해서 배워보자.

2400년 전 그리스의 역사학자인 헤로도토스는 이렇게 말했다.

"사람들은 귀보다 눈으로 더 믿는다."

서양에는 "보는 것이 믿는 것이다 Seeing is believing"라는 말도 있다.

백문이 불여일견, 즉 "백 번 듣는 것보다 한 번 보는 게 낫다."

어쩌면 앞으로 라디오는 TV에 의해 사라질지도 모른다. 앞으로 자동 운행 자동차가 등장하면 누가 라디오를 듣겠는가? 비디오를 보지.

그래서 듣기만큼 아니 어쩌면 그 이상으로 몸짓 언어도 말하기에 중요한 표현력이다. 과학자들은 실험을 통해 이런 사실을 밝혀냈다. 신체 언어와 말이 일치하지 않으면 사람들은 신체 언어를 믿는다는 것을.

몸으로 말하기의 중요한 포인트 3가지를 먼저 점검해보자.

몸으로 말하기의 3가지 포인트
- 말보다 몸이 먼저 보인다
- 시선이 가장 중요하다
- 제스처는 숨길 수 없다

말보다 몸이 먼저 보인다 : 처음 등장이 중요하다

가끔 오락 쇼에서는 커튼 뒤에서 목소리부터 내는 사회자가 있기는 하다.

"네, 여러분 화려한 오늘밤을 더욱 화려하게 만들어드릴 최고의 MC, 최고의 사회자를 소개합니다. 그게 바로 접니다."

그러면서 조명이 쏟아지는 무대로 걸어 나온다. 이런 경우가 아니라면 99.99% 우리는 사회자의 목소리를 듣기 전에 그의 몸을 먼저 본다. 기업의 회의나 모임에서도 마찬가지다. 천천히 앞자리로 걸어가서 마이크를 잡는다. 이때 말보다 몸이 먼저 보이기 때문에 몸으로 먼저 판단을 하게 된다. 그가 입은 복장, 그의 걸음걸이, 서 있는 자세 등.

협상을 위한 테이블에 나갈 때도 마찬가지다. 상대방은 나의 복장을 먼저 본다. 걸음걸이와 전체 실루엣을 보고 악수를 한다. 사실 협상의 시작과 끝은 악수라고 해도 과언이 아니다. 그래서 능숙한 선수들은 악수를 할 때 의도적으로 상대의 손을 꽉 쥔다.

"잘 부탁드립니다."

세일즈맨도 복장부터 눈에 들어온다.

내 경우를 예로 들어보자. 나는 기업체 강의를 갈 경우가 많은데 일부러 청바지, 심하면 찢어진 청바지를 입는다. 딱딱한 기업이나 관공서는 더더욱 찢어진 청바지를 입는다. 그래서 이것이 눈에 거슬리는 사람들에게 본인들이 얼마나 틀에 박힌 생각에 젖어 있는지 깨우쳐주고 온다.

물론 연말행사나 시상식같이 격식을 차려야 할 곳에서는 정장을 입는다. 최근에 수백만 원 들여서 정장 한 벌을 맞췄다. 드레스 코드가 필요한 곳은 지켜야 하니까. 그날의 복장 기준은 딱 하나다. 오늘 말하기 주제에 맞는가, 아닌가?

걷기는 정말 중요하다. 걸음걸이에서부터 자신감이 묻어나야 한다. 나는 팔자걸음이다. 내 팔자가 그러니까 어쩔 수 없다. 그래도 무대로 나갈 때는 가볍게 뛰어 나간다. 이 시간을 엄청 기다렸다는 듯이, 여러분을 빨리 만나보고 싶다는 느낌으로 그렇게 한다. 자니 카슨에게서 배웠다. 투나잇 쇼를 진행할 때 스텝을 맞추며 발을 빨리 옮기는 것을 보았다. 천천히 걸어 나오는 모습보다 활기차고 경쾌해 보였다. 그리고 서 있을 때의 자세와 앉은 모습도 중요하다. 아직 입을 열지 않았어도 무슨 말을 하려는지 대충 짐작하게 된다.

인터넷을 찾아보면 미국 대통령이 방명록에 서명할 때 책상 앞에 서 있는 우리나라 대통령의 사진이 있다. 머리를 조아린 사람, 두 손을 공손이 모으고 숙제 검사 받는 자세로 서 있는 사람, 차렷 자세로 서 있는 사람, 짝발로 서 있는 사람……. 그 자세가 바로 미국을 바라보는 시선과 같았음은 두말하면 잔소리다. 내가 직접 만난 한 대통령은 항상 오른쪽 팔걸이에 기대어 앉는 버릇이 있다. 그래서 이렇게 말했다.

"기업체 사장 할 때 그렇게 앉으시는 건 상관없지만 토론회에서 그렇게 앉아 계시면 국민들이 건방지다고 느낄 것입니다. 가급적 한쪽으로 기울이지 마세요."

그랬는데도 여전히 후보 토론회 때 보니까 한쪽으로 기대어 앉아 있었다. 그래서 처음 자세가 중요하다. 성인 남자가 군에 입대해서 훈련소에 들어가면 제일 먼저 제식 훈련을 받고 차렷 자세와 경례를 배운다.

여기서 잠깐 경례의 유례 한번 살펴보고 가자. 중세의 기사들은 머리부터 발끝까지 갑옷을 입고 싸웠다. 그러다가 상대방이 다가오면 자기가 누군지 신분을 밝히기 위해 얼굴 마스크를 들어올렸다. 그렇게 서로 눈인사를 하던 것이 경례가 된 것이다. 무엇보다 자세를 바로잡자.

시선이 가장 중요하다 : 눈으로 말해요

―

첫눈에 보이는 몸 다음으로 중요한 것이 바로 시선이다. 나는 시선이 가장 중요하다고 생각하는 1인이다. 이런 노래도 있다.

"눈으로 말해요. 살짝쿵 말해요. 남들이 알지 못하도록 눈으로 말해요."

대사가 없어도 눈으로 말을 다 했으니까 소통이 된다. 눈은 마음의 창이란 말도 있듯이 시선에도 많은 말을 담을 수 있다.

"이 수학문제 풀어볼 사람?"

선생님이 교단에서 학생들을 한번만 훑어봐도 누가 아는지 모르는지 다 안다. 그렇지만 랜덤으로 부른다.

"오늘 25일이니까, 25번!"

나는 30번 이상이었기 때문에 잘 안 걸렸다. 그러다가 재수 없이 한번 걸린 적이 있다. "오늘 주번 나와." 내 눈을 본 선생님이 이렇게 말씀하셨다. "넌 손들고 서 있어." 내 눈에 쓰여 있었나? 수포자(수학포기자)라고.

내가 교수가 돼서 아이들을 가르쳐 보니까 단박에 알겠더라.

'시선이 전부구나.'

요즘은 대학교에 특강을 많이 나간다. 학교마다 매주 특강으로 진행되는 수업이 많아졌다. 연단에 올라가보면 그 학교 수준이 딱 나온다. 실력 있는 학교는 학생들이 내 눈을 바라보면서 집중을 한다. 실력이 좀 떨어지는 학교는 학생들의 시선도 땅바닥으로 떨어진다. 아니 스마트폰에 집중되어 있다. 이번 학기 한 대학교에 처음 갔는데 1,000여 학생들 중에 나를 보는 학생이 20%도 되지 않았다. 강의 시작도 하기 전에 눈 감고 자는 학생도 있었다. 그래서 이렇게 말했다.

"눈 감고 자는 건 상관없는데 코는 골지 마세요. 그런데 좀 너무하는 거 아닌가요? 강의 시작해서 10분 후에 잔다면 내가 책임이 있지만 시작도 하기 전에 자는 학생들은 누구 책임입니까? 저 학생 깰 때까지 저도 여러분처럼 스마트폰 보면서 카톡 할래요."

그랬더니 잠을 깨는 녀석들도 있고 스마트폰을 집어넣는 학생들도 있었다. 그래도 많은 수의 학생들이 여전히 내가 아닌 폰에 집중하는 걸 보면서 이런 생각이 들었다. 스마트폰이 우리 아이들을 전부 마트 폰팔이로 만들겠구나……. 폰 세일즈 하는 사람들을 비하하려는 게 아니다. 나도 유학 중 4년 동안 폰 비즈니스를 했던 사람이다. 스마트폰을 스마트하게 써야 하는데 그런 학생은 열에 한두 명도 안 되는 것 같다.

반면 세칭 일류대라는 곳에 가서 강의를 하면 너무나 다르다. 일단 기다릴 때부터 다르다. 학생 하나가 다가오면서 말을 건넨다.

"저, 신상훈 교수님이시죠?"

"그런데요."

"반갑습니다. 강의 후에는 바쁘실 테니까 이 책에 사인 좀 해주세요."

그러면서 내가 쓴 책을 펴들었다.

"근데 제가 신상훈인 걸 어떻게 아셨어요?"

"검색하면 다 나와요."

그리고 기념사진 찰칵! 스마트폰은 이렇게 사용해야 스마트한 게 아닌가. 강의 중에도 그들의 시선은 고정되어 있었다. 70~80%가 나를 쳐다보았다. 여러분이 직장이나 학교생활 중에 상사나 선생님을 80% 넘게 시선을 고정하고 있다면 정말 훌륭한 태도를 지닌 것이다. 90% 정도 쳐다본다면 정말 집중력이 대단한 것이다. 100% 쳐다본다면? 그건 사이코다. 시선과 함께 중요한 게 미소인데, 그건 뒤에서 자세히 다루겠다.

제스처는 숨길 수 없다 : 몸이 하는 말을 해독하라

감기와 사랑, 가난은 숨길 수 없다는 말이 있다. 몸으로 하는 몸말인 제스처, 보디랭귀지도 숨길 수가 없다. 지루하면 몸을 비비 꼬고, 초조하면 다리를 떤다. 잘 모를 때는 머리를 긁고, 간절히 뭔가를 바랄 때는 두 손을 모은다.

이런 무의식적인 제스처는 간단하니까 상대방이 금방 눈치 채지만 상대방을 더 잘 알려면 보디랭귀지를 해독할 수 있는 능력이 좀 필요하다. 해독이란 단어를 쓰니까 독을 없애는 것 같으니 번역이라고 하자.

나는 카투사로 군대를 갔는데 미군에 처음 배속됐을 때 같은 소대 병사가 "What's up?" 이러는 거다. 뭔 소린지 몰라서 위에 뭐가 있느냐고 물어본 걸로 알아듣고 "It's sky." 그랬더니 막 웃더라. 그 사건 때문에 나는 웃기는 '프라이빗 신'이 됐다. 번역을 잘못한 거다. '와츠 업'은 그냥 인사로 '무슨 일이야? 별일 없어?' 그런 뜻이니까 'Nothing much' 이렇게 대답하면 되는 것이었다.

제스처도 마찬가지다. 바른 번역을 위해서는 넓은 공부를 해야 한다. 지역별, 나라별, 인종별, 세대별로 각각 차이가 있는 게 제스처다.

예를 들어 미국에선 손등을 위로 하고 손가락을 아래로 까딱까딱하면 다가오라는 사인이다. 그런데 우리는 그 동작이 가라는 사인이다. 엄지와 검지로 동그라미를 만드는 것도 미국서는 오케이, 일본서는 돈, 프랑스에서는 숫자 영, 터키와 브라질에서는 욕이니까 조심하자. 나라별로 번역이 잘못되면 커뮤니케이션에 오류가 생긴다.

진심을 전하는 보디랭귀지 사용법

지금부터는 대화에 꼭 필요한 보디랭귀지를 배워보자. 이 몸말은 상대를 파악하는 데도 쓰이지만 역으로 이용하면 말하지 않고도 내 생각을 상대방에게 전할 수 있어 유용하다.

- **손바닥은 진실을 나타낸다**

아이들은 거짓말을 할 때 자신의 손을 뒤로 감춘다. 성인들은 호주머니에 집어넣거나 팔짱을 껴서 손이 안 보이도록 한다.

"상가집에 갔다가 늦었다니까……. 김 대리 어머니가 돌아가셨어. 아, 지난번에 돌아가신 어머니는 친어머니고, 이번엔 장모님이 돌아가셨대."

그래서 나의 진실이나 결백을 강조할 때는 의도적으로 손바닥을 펴 보이기도 한다. 감출 게 없다는 제스처다.

여자들은 거짓말을 할 때 감쪽같다. 알아챌 수가 없다. 하나 달라지는 점이 있다면 바쁜 척을 한다는 거다.

"옷 안 샀다니까. 그냥 구경만 했어, 구경만. 아이 쇼핑도 못해? 그러다 그냥 싼 거 하나 샀어."

손바닥은 진실을 나타내기 때문에 상대방에게 호의적인 제스처를 쓸 때는 이 포즈를 많이 취한다. 반대로 손등을 보이면 권위적이 된다.

손가락으로 지적하는 것은 위협적으로 보여서 상대에게 불쾌감을 준다.

프레젠테이션이나 강의를 할 때 손가락으로 가리키는 것은 금물이다.

"거기, 자네가 한번 말해봐. 자네 말고 자네. 자네, 지금 자나? 정신 나갔구먼!"

똑같은 강의를 똑같은 강사가 세 그룹에게 강의를 했다. 처음엔 손바닥을 보이며 했고, 다음은 손등을 보이며 강의를 했고, 마지막은 손가락질을 하며 강의했다. 각각 84%, 52%, 28%의 강의 만족도가 나왔다.

놀랍지 않은가? 손바닥 84%, 손등 52%, 손가락 28%.

• 악수로 악수를 두지 마라

악수 한번 잘못했다가 신세 망친 사람이 있다. 유명 MC이자 방송사 사장이기도 하고 교회 장로인 사람의 이름은 공개 안 하겠다. 이 비밀은 지구상에 딱 세 사람만 알고 있다. 그 남자, 다른 여자, 그리고 나.

공연이 끝나고 주최 측 인사인 그 남자가 공연한 사람들과 악수를 했다. 그런데 그 남자가 여자 공연자와 악수를 하면서 손가락 장난을 심하게 쳤다. 나 참, 품위도 없이 그게 뭡니까?

내 제자인 그 여자 공연자가 내게 울면서 털어놓았다. 이걸 어떻게 했으면 좋겠냐고. 내가 왜 이런 속얘기를 털어놓느냐면 이런 정신 나간 CEO들이 아직도 많기 때문이다. 저속한 갑질이라고 해야 하나? 내가 이름을 공개하면 그는 나를 고소하려고 할 것이다. 하지만 내가 위험을 무릅쓰고 비밀을 털어놓는 데는 그만한 이유가 있다. 이런 일이 한두 번이 아니라는 것이다. 국악을 하던 제자도 이런 고충을 털어놓고는 지금은 다른 길을 가고 있다. 이러니까 '개저씨' 소리를 듣는 거다.

악수 한번 잘못해서 악수를 두지 말기 바란다. 악수는 정말 좋은 보디랭귀지다. 건전하게 상대와 터치를 할 수 있는 인사법이다. 너무 세거나 약하지 않게 쥐고 네 차례 정도 흔든다. 쥐는 악력과 흔드는 높이, 횟수에 따라서 상대방이 느끼는 느낌은 정말 다르다. 하지 말아야 할 행동만 말하겠다. 너무 세게 잡기, 너무 약하게 잡기, 과도하게 흔들기, 그중 제일 기분 나쁜 악수는 슬며시 잡고 바로 빼는 경우다. 물론 이해는 간다. 손바닥에 땀이 많은 분들이 이런 경우가 있다. 그럴 때는 다른 손으로 마주 쥐든가 상대방의 팔꿈치를 잡는 방법도 좋다.

주로 정치인들이 이렇게 한다. 팔목이나 팔뚝 혹은 어깨를 감싸 쥔다. 친근감의 표시다. 그렇게 악수 한번 하고 나면 더 친근해지는 사람도 있다.

반면 악수 한 번에 사람을 잃는 경우도 있다. 모 정치인의 경우 악수를 하면서 다음 사람을 쳐다본다고 한다. 그럼 악수하는 사람은 무시당하는 느낌을 받는다. 악수를 할 때는 상대에게 시선을 떼서는 안 된다.

• 웃음이 만사다

웃음으로 치료 못할 병은 꾀병뿐이다. 누가 한 말이냐면 방금 내가 한 말이다. 나도 이런 말을 자꾸 만들고 있는데 이 말이 얼마나 후세에 명언으로 기억될지 모르겠다. 보디랭귀지에서 가장 중요한 부분이 웃음이다. 너무너무 중요해서 TALK 12편에서 다시 다루기로 한다.

그때까지 이것만 기억하자. 웃으면 복이 온다는 것을…….

자, 한번 웃고 가자. 하하하 어차피 행복해지기 위해 사는 건데 웃으면서 하면 뭐든지 기분 좋다. 얼굴 찌푸리면 기분도 나빠지고 능률도 안 오른다. 여자들은 자기를 웃겨주는 남자를 좋아하고 남자는 자기의 말에 웃어주는 여자를 좋아한다. 입 꼬리가 올라가면 올라갈수록 당신의 연봉도 올라간다는 사실만 명심하라.

• 팔짱의 의미

학생 때 이런 장난을 많이 했다. 여자와 같이 걸어가다가 "팔짱껴도 됩니까?" 그러면 여자가 수줍게 "네" 한다. 그럼 내 팔짱을 끼는 거다. 하하하 팔짱을 낄 때 주먹을 쥐고 있다면 적대적인 감정이 있는 것이다. 양 팔을 붙잡고 팔짱을 낀 사람은 마음이 닫혀 있어서 뭘 팔기가 쉽지 않다. 엄지손가락을 치켜세우면서 팔짱을 낀 사람은 자기를 대단하다고 느끼는 사람이다. 어쨌든 팔짱을 끼는 건 방어적인 태도다.

여성들 중에 이런 자세를 하는 사람이 있다. 한쪽 팔만 올리고 있기, 두려움이나 걱정이 있을 때 자기 스스로를 위로하는 자세다.

남자들 가운데는 지퍼 근처에 손을 모으는 사람이 있다. 무기력하고 자신감이 없는 태도를 나타낸다. 그런데 재미있는 사실은 아돌프 히틀러도 이런 자세를 많이 취했단다. 고환이 하나뿐이어서 신체의 약한 부위를 막는 방어적인 자세라고 하는데 사실인지 아닌지는 모르겠다.

여자들 중에 핸드백으로 자신의 배를 가리는 경우는 똥배를 가리는 거다. 역시 방어적인 자세를 취하는 것으로 데이트 중이라면 빨리 가고 싶다는 표시다. 집이거나 화장실이거나.

- **커피 잔의 위치**

회의나 협상 테이블에서 커피 잔으로 내 앞을 막으면 부정적 사인이다. 커피 잔을 몸 옆에 놓았다면 긍정적 사인이다. 커피 잔으로 팔이 막혀 있는 상태라면 리필을 하거나 과자를 주면서 팔을 풀도록 해보자. 협상이 순조로워질 것이다. 은행에 가면 카운터에 사탕이 있다. 팔짱낀 손님들이 간식이라도 집어 먹으면서 팔을 풀라고 놔둔 것이다. 은행에서 커피 한 잔 대접하는 이유도 그거다. 뭐라도 먹으면 맘이 더 잘 열린다.

- **거짓말 탐지법**

만약에 한 정치인이 침을 꿀꺽 삼키면서 손으로 코를 만지작거리면서 "나는 저 여자와 성관계를 갖지 않았습니다"라고 말하면 그것은 진실일까, 거짓일까? 물론 클린턴은 거짓말을 하지는 않았다. 직접 성관계는 안 했고 다른 걸 했으니까. 어쨌든 거짓말 탐지기가 없더라도 주의 깊게 관찰하면 상대방이 거짓을 말하는지 진실을 말하는지 알 수 있다.

입을 가린다 : 거짓말이 나오는 걸 막는 거다.
쉿 하는 듯이 손가락으로 입술을 가린다 : 조용히 하라는 사인을 자신에게 하는 거다.

코를 만지작거린다 : 피노키오가 거짓말을 하면 커지는 코. 커지나 안 커지나 만져보는 건지도 모르겠다.

귀를 만지작거린다 : 듣기 싫다는 사인이다.

목을 긁적거린다 : 잘 모르겠다는 뜻이다.

셔츠 깃을 잡아당긴다 : 불안하고 답답하다는 거다.

입에 손가락 넣기 : '영화 〈오스틴 파워〉의 '미니미'가 떠오른다. 어린 애처럼 불안해하는 거다.

턱을 괴고 있다 : 지루하다는 뜻이다. 그러나 턱을 양손으로 괴고 지긋이 바라보면 호감을 뜻한다.

고개를 쭉 빼고 앞으로 다가온다 : 관심이 있다는 뜻이다.

의자를 뒤로 쑥 빼서 앉는다 : 관심 없다는 뜻이다.

의자에서 한 발이 빠져나와 문 쪽을 향해 있다 : 빨리 여기서 벗어나고 싶다는 뜻이다.

이런 모든 제스처에 달인이 되고 싶은가? 연기를 해보라. 연기에 답이 있다. 연기자는 말보다 동작과 표정으로 감정을 표현해야 하기 때문이다. (그래서 나중에 스피치 코스가 완성되면 연기 코스도 만들어볼 생각이다. 그전까지는 일단 주변 사람들을 관찰하고 드라마나 영화 속의 연기를 유심히 보시라.)

말에 대한 속담이 참 많다.
가는 말이 고와야 오는 말이 곱다.

> 신상훈의
> 핵심톡킹 10

1. 몸으로 말하기의 3가지 포인트

1) 말보다 몸이 먼저 보인다.
2) 시선이 가장 중요하다.
3) 제스처는 숨길 수 없다.

2. 진심을 전하는 보디랭귀지 사용법

1) 손바닥은 진실을 나타낸다.
2) 악수로 악수를 두지 마라.
3) 웃음이 만사다.
4) 팔짱을 끼는 것에도 의미가 있다.
5) 커피 잔의 위치가 감정을 전달한다.
6) 거짓말 탐지법을 익혀라.

TALK 11

유머 있는 말이
천 리 간다

말 한마디로 천 냥 빚을 갚는다.
말이 씨가 된다.
낮말은 새가 듣고 밤말은 쥐가 듣는다.
발 없는 말이 천 리 간다.

말은 제주도로 보내고 사람은 서울로 보내라. 아, 이 말은 그 말이 아니다. 여기서 말이란 단어가 중의법으로 사용됐다. 타고 다니는 말과 입으로 하는 말이 같은 말이기 때문이다. 누가 이런 기가 막힌 비유와 속담을 만들어내는지 참 재미있다.

나는 발 없는 말이 천 리 간다는 걸 직접 체험했다. 데이트하다가 만들어낸 조크가 있었는데 그게 돌고 돌아서 다시 내 귀에 다시 들어온 거다. 개그 작가는 그럴 때 보람을 느낀다. 그런데 발 없는 말 중에도 천 리 이상 만 리까지 뻗어가는 말이 있다. 바로 '재미있는 유머'다.

유머는 써먹을수록 는다

여기서 잠깐 복습을 해보자. 말은 스킬이 아니란 걸 강조하면서 SKILL에서 S를 빼면 KILL이 된다고 했다. 죽이는 한마디 말을 하는 것이 중요하다. 그걸 위해 꼭 필요한 5요소를 말씀드렸다. 감성, 콘텐츠, 논리, 표현력 마지막으로 유머다.

재미있게 말하는 사람을 부러워하는 사람이 많다. 부러우면 지는 거란 말이 있듯이 부럽게만 생각하지 말고 혀가 부러지도록 노력해서 여러분도 풍부한 유머의 소유자가 될 수 있도록 자주 활용해보자.

스피치 서적이나 스피치 학원의 선생님들이 빼놓지 않고 강조하는 것 중에 하나가 바로 대화에서의 '유머'다. 그들은 이렇게 강조한다. '유머 있게 말하세요', '스피치에서는 유머가 중요합니다', '처음에 웃기기 시작하면 상대방 마음의 문이 열립니다.'

그런데 어떻게 웃기라는 건지 제대로 설명해주는 사람이 없다. 왜 그럴까? 하물며 웃기는 개그맨조차 자신이 왜 웃기는지 모르고 그저 웃기는 경우가 참 많다. 참 웃기는 일이다.

축구 선수인데 자기가 뛰기만 하면 골을 넣어서 우승을 한다. 거침없이 이긴다. 오른발로 차도 공이 들어가고 왼발로 차도 들어가니 정말 신나는 일이다. 현역 선수라면 상관없겠지만 이 사람이 축구 해설을 하거나 감독을 하면 어떨까?

"아, 슛! 노골~. 저걸 못 넣나? 왜 못 넣지? 아, 미치고 환장하겠네요."

"야. 열심히 뛰라니까 왜 안 뛰는 거야. 그걸 하나 못 넣냐? 이 바보야!"

이런 해설가나 감독을 시청자나 선수들이 신뢰할 수 있을까? 자신이 공을 왜 잘 차는지 근본적인 원리를 모르기 때문에 설명을 잘 못하는 것이다. 유머 스피치도 마찬가지다. 자신이 말하면 사람들이 웃기는 하는데 어떻게 해서 웃기는지 그 원리를 풀어주지 못하면 잘 가르칠 수 없다.

지난 20여 년간 쌓은 코미디 작가의 노하우를 십분 살려서 여러분에게 남을 웃길 수 있는 방법을 자세히 알려드리도록 하겠다.

유머는 생일 선물이다

일단 유머가 무엇인지부터 알아보자. 박사논문 쓸 것도 아니니까 사전적 정의는 개나 줘버리고 당장 이해할 수 있도록 설명하겠다. 유머는 생일 선물이다. 생일은 탄생을 축하하는 기쁜 날이다. 나는 가끔 아침부터 기분이 울적하면 이 노래를 흥얼거린다.

"해피 버스데이 투 유~" 그러면 기분이 좋아진다. 본인이 흥얼거리는 노래에 따라서 그날 기분이 바뀐다.

"난 참 바보처럼 살았군요~" 그러면 내가 바보 같아지지만 "나는 행복합니다~"라고 노래하면 기분이 슬슬 좋아지는 걸 경험할 수 있다. 여러분도 나처럼 '해피 버스데이 투 유'를 자주 불러보라.

유머는 생일처럼 당신에게 기쁨을 준다. 그리고 생일날 우리는 선물을 받는다. 유머가 바로 생일 선물 같은 크나큰 기쁨이다. 그런데 선물은 줄 때 기쁜가, 받을 때 기쁜가? 물론 받을 때도 기쁘지만 선물은 줄 때 더욱 기쁘다. 줄 때가 받을 때보다 기쁨이 배가 된다. 유머도 그렇다. 누가 나를 웃길 때도 즐겁지만 내가 남을 웃길 때 더 기쁘다.

그리고 가장 중요한 포인트! 선물을 받았는데 만약 뜯어보지 않는다면 어떻게 될까? 기쁨을 누릴 수 없다. 유머도 마찬가지다. 누군가 당신을 웃기려고 노력했는데 당신이 웃지 않는다면 그 기쁨은 남의 것이 된다.

진짜 가장 중요한 마지막 결론으로 선물은 배려다. 마찬가지로 유머도 상대를 위한 배려라는 것을 잊지 말라. 앞으로 누군가 유머가 뭐냐고 물으신다면 생일 선물 같은 배려라고 당당히 말해보자.

이것은 어떤 책에서 봤거나 누군가의 이야기를 인용한 말이 아니라 나 스스로 웃음, 코미디, 유머에 대해 수십 년간 공부하고 작업하면서 터득한 노하우다. 유명인들은 멋진 말이나 격언, 명언을 많이 만들어낸다. 생각해보면 명언집에 수록되라고 그런 말을 만든 건 아닐 것이다. 치열하게 자신의 삶을 살다가 우연히 한마디 뱉은 것인데, 진리가 함축된 말이기에 오랫동안 기억되고 보존되다가 명언집에 실린 것이다.

다시 한 번 강조한다. 유머는 생일 선물이다. _신상훈

유머는 생일 선물이다. 왜? 받을 때 기쁘고 줄 때는 더욱 기쁜 것이니까.

그런데 왜 사람들이 유머를 잘 활용하지 못하는 걸까? 유머를 배우려고 하지 않기 때문이다. 강의 중에 수강생들에게 자주 묻는 질문이 있다. 행복을 위해 당신에게 당장 필요한 것이 무엇인가? 그러면 대부분 이런 대답들이 나온다. 건강, 돈, 친구, 애인, 가족, 일, 자유…….

필요한 게 무엇인지는 잘 알면서 그것을 얻을 수 있는 방법에 대해서는 왜 공부하고 노력하지 않는지 답답할 때가 있다. 웃음과 유머를 통하면 이 모든 것들을 자기의 것으로 만들 수 있는데 말이다.

그 필요성을 알더라도 쉽게 포기하는 사람들이 대부분이다. '유머는 특정인들의 특별한 재능으로, 나와는 절대 상관없는 것'이라고 생각해버린다. 그러면 나는 이렇게 대답한다.

"말 잘하는 사람이나 보통 사람이나 태어나서 처음 하는 말은 똑같다. '아 응애에요'다." 말 잘하는 유재석이라고 의사 선생님이 엉덩이를 때렸을 때, "ㅋㅋㅋ 이거 생일빵이에요?"라고 받아치지 않는다.

물론 반은 맞고 반은 틀린 말이다. 누구나 하면 된다는 자신감을 심어주려고 하는 소리지만, 솔직히 고백하자면 누구나 똑같은 걸 갖고 태어나지는 않는다. 사람들은 태어나면서 유머감각을 좀 더 많이 또는 좀 적게 갖고 태어난다. 이건 지난 20여 년간 코미디 작가를 하면서 느낀 체험담이다. 타고난 건 차치하고 유머 감각은 사실 후천적 노력이 더 중요

하다는 사실을 잊지 말아야 한다. 그럼 그 후천적 노력을 더하기 위해 하나씩 배워보자.

나는 연대 출신이다. 연세대학교가 아니라 논산 25연대. 논산훈련소에 들어가면 처음으로 가르치는 것이 제식훈련이다. 늠름한 군인으로 만들려면 무엇보다 몸을 바꿔야 하기 때문이다. 몸을 바꾸면 맘도 바뀌니까. 그래서 차렷, 열중쉬어를 거듭하며 줄맞춰 걷기를 시킨다. 처음에는 엇박자로 발도 안 맞고 구령도 틀리지만 하면 할수록 점점 군인다운 태가 나온다.

유머 감각을 위해서도 제식훈련 같은 기본 교육이 필요하다. 나는 그것을 가위바위보에 담아봤다. 요즘 젊은 친구들은 안 그러겠지만 우리 때는 이성의 손 한번 잡아보려고 가위바위보 게임을 많이 했다.

"자기야, 가위바위보 하자. 아니면 묵찌빠 어때, 아니면 쌀보리."

"자기야, 가위바위보 해서 지는 사람이 이긴 사람에게 뽀뽀해주자. 싫으면 영화 보여주기. 가위, 바위, 보!"

나는 가위바위보를 참 잘한다. 웬만해서는 잘 안 진다. 요령을 알기 때문이다. 남자들하고 할 때는 보를 낸다. 남자들은 주로 주먹을 내기 때문에. 살살 약을 올리면 틀림없이 주먹을 낸다. "넌 나한테 안 돼, 해볼래? 자장면 내기 할까? 너 후회할 텐데." 그리고 여자들과 할 때는 주로 주먹을 낸다. 여자들은 이상하게 가위를 많이 낸다. 특히 담배 피는 여자들이…….

여러분도 한번 써먹어보기를 바란다. 남자들에게 보, 여자들에게 주먹을 낸다면 이길 확률이 75%는 된다. 물론 하기 전에 '신상훈의 강의'를 들어봤는지 물어보고 하라. 유머 감각을 높여주는 훈련방법도 이 가위바위보에 담겨 있다.

유머 감각을 높이는 '가위바위보'

—

• 가위 - 고정관념을 잘라버려라

유머를 위해 가장 먼저 해야 할 것은 고정관념과의 단절이다.

찡그린 얼굴로 "월요일이라 몸이 찌뿌둥하네. 월요병인가"라고 말하기보다는,

"월요일이라 몸이 가뿐하네. 난 원래 그래"라고 말해보라.

"내년에도 경기가 안 좋을 것 같아"라고 말하기보다는,

"올해 경기가 내년보다 훨씬 좋은 거 같아. 그렇지?"라고 말해보라.

최근 치킨집을 오픈한 대학 동창에게 다들 걱정스런 표정으로 말하더라.

"오다가 보니까 맨 치킨집이던데…… 이게 될까?"

기왕이면 고정관념과 이별하고 이렇게 말해보라.

"오다가 보니까 치킨집이 많더라고. 아마도 여기가 유명한 치킨 골목인가 보지? 장사는 원래 모여 있어야 더 잘된다고. 대박날 거야."

기존에 고정적으로 사용하던 단어나 문장을 조금만 바꾸면 새로운 유머가 된다.

"장애인은 장애가 있는 사람이 아니라 길 장자 장~ 애인. 오래도록 사랑해줘야 할 사람입니다."

"일부일처제는 참 좋은 제도야. 마누라 하나에 처제 하나 데리고 살면 좋잖아."

"소통이 안 되는 CEO를 뭐라고 부르는지 알아? 꼴통."

영국의 수상 처칠에게 한 여성의원이 이렇게 말했다.

"당신 같은 사람이 내 남편이면 커피에 독을 타겠어요."

그랬더니 처칠이 말하길,

"내가 당신 남편이면 그 커피를 마시겠소."

고정관념에서 벗어나 유연한 사고가 가능한 사람만이 구사할 수 있는 수준의 유머다.

• 바위- 들이대라

주먹을 사용하는 사람을 무식하다고 하지만 유머 대화에서는 조금 무식해질 필요가 있다. 주먹 같이 막 들이대는 거다. 똑똑한 사람이 웃기는 거 봤나? 좀 멍청한 사람들이 웃긴다. 간혹 진짜 똑똑한 사람들이 멍청한 척하지만 진짜 멍청한 사람은 똑똑한 척 못한다. 무슨 뜻인지 아는 사람은 알 거다.

대부분의 사람들은 논리적이거나 이성적으로 말해야 더 효과적이라고 생각한다. 그러나 무식하게 들이댈 때 더 효과적인 경우가 많다. 특히 남녀 사이와 비즈니스에서 그렇다.

좋아하는 이유를 수십 가지 설명하는 남자보다 "우리 밥 한번 먹읍시다, 찐하게" 하면서 끌고 가는 남자에게 매력을 느끼기도 한다. 찐하게 찐빵이나 찐만두를 사주더라도 그런 남자가 좋다.

비즈니스에도 들이대는 저돌성이 빛을 발하는 경우가 많다. 미국의 유명한 어린이 의류 브랜드를 한국에 들여오려는 대기업들의 노력이 있었다. 그런데 최종적으로 허락을 받아낸 사람은 무식하게 편지하고, 찾아가고, 졸라댄 유학생 출신 개인 사업가라고 한다. 그 브랜드를 자신이 가장 잘 이해하고 있다는 것을 돈이 아닌 열정으로 어필한 것이다.

이제 똑똑한 척하기 그만두고 멍청한 척 살아가자. 그게 편하다. 똑똑한 척하려면 주변을 신경 써야 하는데 멍청한 척은 신경 안 써도 된다. 그래서 남의 눈치 안 보는 아이들의 대화에서 웃음을 찾을 수 있는 것이다.

"아빠는 왜 대머리야?"

"응, 생각을 많이 해서 그래."

"그럼 엄마는 왜 그렇게 머리숱이 많아?" ㅋㅋ

5살 꼬마가 3살 먹은 아이를 보며 말한다.

"에휴~ 요즘 어린 것들은 싸가지가 없어."

친구가 옆에서 대답을 한다.

"한두 살 먹은 어린애들도 아니고, 언제 철들려고……."

NASA에서 수억 달러를 들여 무중력 상태에서도 글이 써지는 볼펜을 개발할 때, 러시아에서는 연필을 썼다는 얘기는 농담이 아니다. 무식해 보이는 게 사실 더 창의적인 경우가 많다.

"손가락이 왜 다섯 개인지 알아?"

"골프 장갑이 맞아야 하잖아."

"항상 그렇게 더듬습니까?"

"아아아뇨, 마마말을 할 때만 더더더듬습니다."

"내가 입을 열면 모두 다쳐."

"그럴 거야. 네 입 냄새가 엄청 심하거든."

"돈 좀 빌려줄래?"

"응, 얼마나?"

"500만 원만 빌려줘."

"그래, 일단 네 이름으로 1,000만 원 대출 받으면 내가 너 500 줄게."

• 보- 긍정적으로 바라보라

손을 펴는 것은 항복의 의미다. 다 주고 다 잃고 다 포기하면 스르르 손을 펴게 된다. 그렇게 손을 펴야만 할 수 있는 것들이 있다. 상대와 악수를 하거나 상대를 쓰다듬어주거나 안아줄 때 그렇다. 유머는 긍정이다. 간단한 대화도 긍정적으로만 표현하면 상대에게 호감을 준다.

"손님, 방금 주신 카드가 한도 초과인데요"라고 말하기보다는,

"손님, 저희 카드기에 문제가 있나 봅니다. 다른 카드 있으시죠?"라고 말해보라.

"이 식당은 몽땅 중국산이네. 중국산 김치, 중국산 쌀, 중국산 고기, 종업원도 중국산이야"라고 말하기보다는,

"중국집이니까 중국산을 쓰는 게 당연하겠죠. 하하 완전 중국 여행을 온 기분이네요. 땡 하오!"라고 말해보라.

"김 과장, 아직도 서류를 끝내지 못했다고? 너 끝장나고 싶어? 빨리 갖고 와!"라고 말하기보다는,

"김 과장이 참 꼼꼼한 성격이네. 잘하려고 늦어지는 건 알겠는데 데드라인이 오늘이라서. 데드라인은 말 그대로 내가 죽는 선이라고. 좀 살려줘. 빨리 좀 부탁해"라고 말해보라.

"스파게티에서 머리카락이 나왔잖아. 이게 말이 돼?"라고 말하기보다는,

"주방장이 탈모가 시작됐나 봐요"라고 말해보라.

특히 CEO의 말 한마디는 굉장히 중요하다. 현대그룹의 창업자 정주영 회장은 그런 면에서 긍정과 유머의 한마디를 탁월하게 잘하신 분으로, 유명한 일화가 많다. 외국의 은행장이 배 만든 경험이 없음을 탓하며 대출을 거부할 때, 고정관념을 깨뜨리는 파격을 보여줬다. 당시 500원 권에 그려진 거북선을 꺼내들고 그를 설득했다. 서류나 완벽한 자료로만 설득할 생각을 했던 일반인과는 달리 지폐를 꺼내들며 말했다.

"우리나라가 세계 최초의 철갑선 제조국이라는 사실을 아십니까?"

그는 창의적인 '들이대' 정신으로, 때로는 멍청해 보이는 생각으로 전문가라는 사람들에게 호통을 쳤다. 대규모 간척사업 때 물의 흐름을 막기 어렵자 "유조선을 가져와서 막으면 되잖아" 하고 간단히 해결했다.

모든 걸 해보자는 긍정적인 시선으로 바라보고 밀어붙였다.

"이봐, 해봤어? 해보지도 않고! 겨울에 잔디가 필요하면 파란 보리 싹을 깔면 되잖아."

유머 감각을 향상시키는 방법은 가위바위보라는 사실을 명심하자.

- 가위 – 고정관념을 잘라버려라.
- 바위 – 들이대라.
- 보 – 긍정적으로 바라보라.

가위바위보를 할 때 확실히 이기는 방법도 가르쳐주겠다. 반드시 이긴다는 생각으로 임하라. 그러면 진짜 이긴다. 내가 이기지 않으면 상대라도 이긴다.

신상훈의 핵심톡킹 11

1. 유머는 써먹을수록 는다.
2. 유머는 생일 선물이다.
3. 유머 감각을 높이는 '가위바위보'
   - 가위 – 고정관념을 잘라버려라.
   - 바위 – 들이대라.
   - 보 – 긍정적으로 바라보라.

TALK 12

웃겨야 성공한다

아기들을 보면 누구나 이런 반응을 보인다.
"까꿍, 까꿍, 아이고, 귀여워라."
아기들을 보며 이런 사람은 없다.
"어디서 눈을 똥그랗게 뜨고. 눈깔아!"
왜 착한 사람이든 나쁜 사람이든 아기만 보면 웃음을 짓는 것일까? 아마도 인간 내면에는 순수함을 추구하는 착한 마음이 있기 때문 아닐까?

더러운 것보다는 깨끗한 것을, 추한 것보다는 아름다운 것을, 우는 것보다는 웃는 것을 더 좋아하게 마련이다. '웃음'은 궁극적으로 우리가 추구하는 목표다. 왜? 누구나 행복을 원하고 행복한 사람들은 다 웃고 있으니까. 그래서 당신이 남들을 웃겨 줄 수 있는 능력이 있다면 모든 사람을 행복하게 만드는 최후의 승자가 되는 것이다. 강한 사람이 살아남는 시대에 독하게 어금니 꽉 깨물고 노력해야 성공한다고 생각하는가? 그건 성공의 의미를 아직 잘 모르는 거다.

그렇다면 성공이란 무엇일까?

돈이 많으면 성공?

자본주의 사회니까 많은 사람이 성공을 돈 많이 버는 걸로 생각한다. 그럼 돈을 벌려면 어떻게 해야 한다고 생각하나? 일을 해서? 만약에 당신이 그렇게 생각한다면, 그래서 당신이 일하기 싫은 거다. 돈 벌려고 어쩔 수 없이 일을 하는데 그 일이 신이 나겠나? 돈은 내가 상대방을 기쁘게 해주고 그에 따라 받는 상이다.

- **돈은 상대방을 기쁘게 해주고 받는 상이다**

기쁘게 해주는 사람이 많으면 많을수록 받는 상은 점점 늘어난다. 길거리에서 노래하는 방랑 시인이 있다. 지나가던 한 사람을 즐겁게 해주면 1,000원을 받을 수 있다. 그런데 그 노래를 카페에서 부른다면, 그래서 손님들을 즐겁게 해줬다면 10만 원쯤 번다. 그런데 그 노래가 CD로 나와서 히트를 했다면 온 국민을 즐겁게 해줘서 1억 원쯤 번다. 그런데 그 노래가 유튜브에 올라서 온 세상 사람들을 즐겁게 해줬다면? 수백 억을 버는 거다. 싸이처럼.

내가 만든 상품이 수백 명에게 팔릴 때와 수십 만 명에게 팔릴 때 수익이 얼마나 차이가 날까? 내 제품이 팔려서 돈을 버는 게 아니라 내 제품이 사람들에게 기쁨을 줘서 돈을 번다고 생각해보라. 가끔은 내 제품이 이렇게 좋은데 왜 다른 사람들이 몰라주나 싶어 서운할 때가 있을 거다. 혹시 당신의 제품이나 서비스가 많은 사람들을 즐겁게 하거나 충족시키지 못했다는 생각은 안 해보았는지?

많은 사람이 만족하고 웃어준다면 돈은 자연스레 벌린다. 돈을 따라가면 돈은 달아나고 즐거움을 위해 일하면 돈이 따라온다.

아르바이트 하듯이 1시간 일해서 6,000원 버는 걸로 생각한다면 100시간 일해봤자 60만 원밖에 못 번다. 1시간 일하더라도 사람들을 즐겁게 해주자는 생각으로 일한다면 1시간에 60만 원도 벌 수 있다. 아니 나는 1시간만 강의해도 수백만 원을 벌기도 한다. 어느 날 곰곰이 생각해보니까 일한 대가가 아니라 즐겁게 해준 대가로 돈을 받고 있었다는 것을 알게 되었다. 돈을 많이 버는 사람과 그렇지 못한 사람의 차이는 일의 양 차이가 아니라 일의 즐거움 차이다. 타인을 즐겁게 해주면 해줄수록 돈을 더 많이 버는 거다. 그래서 성공적인 스피치를 위해서는 웃음을 주는 스피치가 꼭 필요하다. 말할 때 웃음을 주는 사람들의 특징은 영화 제목으로 풀어보겠다. 〈영웅본색〉.

유쾌한 사람들은 '영웅본색'이다

- 영 – 영어 외우듯 유머를 써먹는다.
- 웅 – 웅변에 강하다.
- 본 – 본인이 크게 웃는다.
- 색 – 색드립에 강하다.

• <u>영</u>어 외우듯 유머를 써먹는다

우리는 학교에서 좋으나 싫으나 영어를 배웠다. "굿 모닝, 하우 아 유." 그러나 그 영어를 얼마나 활용하고 사는지? 아마도 99%는 거의 쓰지 않고 살고 있을 것이다. 유머도 그렇다. 유머도 우리에게 꼭 필요한 것인데도 활용하는 사람은 극소수다. 이제부터 유머를 영어 배우듯 해서 활용해보자. 영어 단어는 무조건 외워야 한다. 유머를 위해서도 기본적으로 외워야 할 것이 있다. 주로 주변에 떠다니는 웃기는 이야기, 조크, 수수께끼 등을 듣고 외워고 써먹어야 한다.

예를 들어 골프장에서 듣는 조크가 얼마나 많은가? 그런데 금방 잊어버린다. 골프장에 갈 때마다 메모하고 사용해야 오래 기억된다. 영어도 그렇다. 자꾸 외우고 쓰고 해야 내 것이 된다.

영어를 가장 빨리 배우는 방법은 외국 사람과 사귀는 것이다. 유머도 마찬가지. 웃음을 좋아하는 사람들과 사귀라. 그럼 유머가 빨리 는다.

- **웅변에 강하다**

예전에는 웅변학원도 많고 웅변대회도 꽤 많이 있었다. 나도 초등학교 때 웅변대회에 나가서 상을 받곤 했는데 지금 생각해보면 자연스러운 스피치라기보다는 그리스 로마시대 광장에서 토론할 때나 연설할 때 사용하는 말하기 방식을 가르친 것 같다.

"이 어린 연사 힘주어 외칩니다~."

웅변을 하면 가장 좋아지는 게 자신감이다. 많은 사람 앞에서도 떨지 않게 된다. 유머도 그렇다. 처음에 남을 웃기려면 무지무지 떨리고 창피하기까지 하다.

'내가 괜한 짓을 하는 건 아닌가? 안 웃으면 나만 쪽팔리는데…….'

일단 도전하라. 안 웃으면 어떤가? 내가 웃으면 되지. 웅변하듯이, 자신 있고 당당하게 외치라.

- **본인이 크게 웃는다**

유머 감각이 있다는 말은 남을 웃길 줄 안다는 게 아니라, 내가 웃을 줄 안다는 뜻이다. 감각이 없다면 그게 웃기는 말인지 모르니까 말이다. 그러니 이제부터는 상대방 말에 크게 웃어주자. 그러면 상대방도 당신의 말에 크게 화답할 것이다.

무엇보다 웃음과 하품은 전염성이 있다. 내가 웃기 시작하면 사람들도 따라 웃는다. 너무 웃겨야 한다는 강박증에 시달리거나 스트레스를 받지는 마시라. 그러면 더 못 웃긴다. 그냥 웃으라. 내가 웃어야 남이 웃고 남이 웃어야 우리가 함께 웃는다.

- **색드립에 강하다**

웃음의 소재 중에 가장 상위등급은 3위가 정치 얘기, 2위가 섹스 얘기, 1위가 정치인이 섹스한 얘기다. 아주 중요한 말이지만 오해가 있을 수도 있으니 상황과 분위기에 주의하자.

우리나라에서는 정치와 섹스가 유머의 소재로 다뤄지기가 참 힘든 나라다. OECD 국가 중에서 유머 감각이 가장 부족한 나라다. 이제 그만하면 OECD에서 탈퇴할 때가 된 거 같다. 안 좋은 것만 항상 상위권에 있으니까. 그러니까 당신이 정치 유머와 색드립色+adrib에 자신이 있다는 말은 유머의 최고봉, 즉 달인이라는 뜻이다. 가장 대표적인 인물이 신동엽이다. 색드립의 천재. 모든 유머에 통달한 사람만이 다룰 수 있는 주제다.

색드립을 쓸 때는 주의할 점이 많다. 특히 장소, 대상, 환경에 따라서 극과 극의 효과를 나타낸다. 잘못 쓰면 완전 매장된다.

민정당 전당대회에서 '민정당은 국민에게 정을 주는 당, 통일민주당은 국민들에게 고통을 주는 당'이라고 써준 대로 읽었던 배추머리 김병조 씨는 그 길로 방송에서 퇴출되고 말았다. 참 좋은 분인데 안타깝다.

색드립도 그렇다. "남녀 간의 사랑이 끝났다를 한자로 표현하면 뭐지?"라고 여기자들에게 말했다가 온 국민의 비난을 받으며 사퇴했던 정신이 몽롱했던 노 역사학자를 떠올려 보라. 정답은? 말 안 하겠다. 난 아직 떠나기 싫다.

당신이 정치 조크나 색드립에 강하다면, 그래서 자유자재로 활용할 수 있다면 진정한 유머에 통달한 것이다. 축하드린다.

영웅본색을 잘 숙지하고 유머 스피치에 한번 도전해보기 바란다. 유머는 양날의 칼과 같아서 잘 사용하면 사람을 살릴 수도 있지만 잘못 사용하면 상처를 줄 수 있다는 걸 명심하자.

그럼 이제부터는 유머를 스피치에 어떻게 활용하는지 알아보자. 참고로 이 부분은 너무나 중요하기 때문에 내 책《애드립의 기술》,《유머가 이긴다》를 참조하기 바란다. 여기서는 꼭 필요한 내용을 집중적으로 말하겠다.

유쾌한 유머 스피치의 3원칙

• 내가 입을 여는 경우는 웃을 때와 웃길 때뿐

이것만은 꼭 기억하자. 내가 입을 여는 이유는 딱 2가지, 웃을 때와 웃길 때! 식당에서 밥을 먹고 있었는데 아이들이 뛰어다녔다. 그 식당은 부대찌개를 끓여먹는 곳이라 테이블마다 뜨거운 찌개 냄비가 펄펄 끓고 있었다. 좌식 테이블이라서 아이들이 뛰어다니다가 테이블로 넘어질지도 모르는 위험한 상황이었다. 이때 한 식당 종업원이 아이들의 엄마로 보이는 여성에게 웃으면서 공손하게 말을 했다.

"죄송합니다. 아이들이 위험할지 모르니까 조금 자제를 부탁드릴게요."

그때 애 엄마의 반응은 무척이나 의외였다.

"아니, 내 아이들이 그렇게 철이 없어 보여요? 바보로 보여? 우리 애가 넘어질 거 같아? 그런 말을 들으면 우리 애들이 얼마나 상처 입겠어?"

믿기지 않는 황당한 일이다. 그런데 이 상황은 내가 꾸며낸 게 아니라 실제로 있었던 사연을 방송을 통해 들은 것이다. 실제로 이런 아줌마가 있을까 싶기는 한데 정말 실화란다.

그러자 종업원은 다시 한 번 부탁했다.

"다른 분들 식사하시는 데 불편해하십니다."

"아니, 누가 불편하다고 그래? 나 여기 돈 내고 식사하러 왔고, 내 권리가 있는 사람이야. 손님이 왕인 거 몰라?"

그러자 같은 테이블의 아주머니들도 당황해하면서 그 열 받은 아줌마를 진정시키더란다. 이때 만약 당신이 이 식당에서 밥을 먹고 있었다면 어떻게 했을까?

1번. 신경 쓰지 않고 밥 먹고 나간다.

2번. 아줌마에게 조용히 하라고 화를 낸다.

1번을 택한 사람은 없기를 바란다. 당신이 불의를 보고도 가만히 있었다면 언젠가 당신이 당할 때 아무도 도와주지 않는다. 그렇다고 2번처럼 화를 낸다면 이 몰상식한 아줌마와 싸워야 한다. 아까 말했다. 내가 입을 열 경우는 딱 2가지, 웃을 때와 웃길 때. 그렇다고 이 광경을 보고 껄껄 웃으면서 밥만 먹고 있다면 비겁한 거다. 정의란 초코파이가 아니다. 정의란 지켜야 할 가치다. 그렇다면 입을 열어 최대한 많은 사람을 웃겨주자. 아줌마가 "손님이 왕인 거 몰라?"라고 했을 때 바로 치고 들어가는 거다.

"저, 아주머니, 좀 조용조용 합시다."

그러면 분명 그 아줌마는 핏대를 세우며 이렇게 말할 거다.

"당신은 누군데 참견이야?"

이렇게 긴장이 팽팽할 때 필요한 게 바로 유머다.

"저요? 이웃나라 왕입니다. 손님은 왕이라면서요. 저도 왕이니까 왕끼리 한번 싸워봅시다."

이러면 여기저기 테이블에서 피식거리는 웃음소리가 날 테고, 그러면 순간의 기지와 재치가 남다른 당신이 승리자가 되는 거다.

얼마 전 동창 모임이 있었다. 퇴직한 친구들이 많아서 주머니 사정이 예전만 못한 것 같았다. 그때 이런 말을 하는 친구가 있었다.

"요즘 상훈이가 잘나가니까 한 턱 쏴라!"

별로 듣기 좋은 소리는 아니다. 가만히 있어도 어련히 내가 낼 텐데, 꼭 이렇게 말해서 점수 깎아 먹는 친구들이 있다.

"오늘 상훈이가 쐈다. 박수! 이거 내가 밴드에 올려줄게, 꼭!"

이렇게 말하는 친구는 다음에 또 사주고 싶다. 제발 당신의 그 입은 2가지 경우에만 떼라. 웃을 때와 웃길 때.

• 긍정의 단어만 써라

성공한 CEO의 공통점 중 하나가 바로 긍정적 마인드다. 어떤 상황에도 긍정적이다. 그래서 웃을 수 있고 최후의 승자까지 오르는 것이다.

유머 스피치에도 항상 긍정의 단어를 강조한다.

우리가 쓰는 단어에는 긍정어와 부정어가 있다.

늦잠, 지각, 오해, 불신, 짜증, 미움, 반항, 한숨, 호통, 사표, 눈물 같은 부정적 단어를 쓰기보다는 출발, 희망, 믿음, 활력, 기회, 목표 달성, 오케이 같은 희망의 단어를 자주 사용하라. 특히 사랑, 감사, 칭찬은 빼놔서는 안 되는 절대 긍정 단어들이다.

"내가 지시한 지가 언젠데 아직도 안 해놨다는 거야? 미친 거 아냐?"라고 말하기보다, "내가 지시한 거 내일까지 되는 거지? 좋았어. 널 보면 내가 좋아 미치겠다."

"됐어? 이 정도는 누구나 다 하는 거야"라고 말하기보다, "잘했어. 나날이 발전하는 걸 보니 다음 달에 내 자리 비워줘야겠는걸. ㅋㅋ"

반쯤 채워진 잔을 보고 "반밖에 없구만"이라고 말하는 것보다 "반이나 남았네"라고 말하는 게 좋다는 걸 다들 알고 있으면서도 이걸 실천하는 사람은 드물다. 머리로 아는 게 중요한 게 아니라 직접 실천하는 게 중요하다. 고등학교 동창모임에서 머리숱이 빈약해진 친구에게 "어이, 난 선생님 오는 줄 알았다. 네가 들어오니까 완전 빛이 난다, 빛이"라고 말하기보다는,

"정력이 좋다는 소문이 있던데, 그거 사실이야?" 하고 슬쩍 힘을 실어주자. "자네 또 지각했어?"라고 말하기보다는, "자네 오늘은 다행히 결근을 안 했구먼. 와줘서 고마워"라고 말하는 사장에게 충성을 다하게

되어 있다. 지시를 하더라도 "여기 이 휴지통은 언제 비울 거야?"라고 말하기보다는, "깨끗하게 청소 잘했구먼. 휴지통만 비우면 완벽하겠어"가 훨씬 여운이 있지 않는가?

이제 머릿속에서 부정의 단어는 지워버리고 긍정의 단어만 사용하기로 결단하자. 폐지를 가득 실은 손수레를 힘겹게 끌고 가던 할머니가 자기의 고급 승용차를 긁었을 때, "이 할머니가 정말, 이게 얼마짜리 찬지 알아요?"라고 따지는 대신 "제가 좁은 도로에 차를 세워서 죄송합니다, 할머니"라고 말하는 게 쉬운 일은 아니다. 그러나 그 말 한마디로 온 국민을 미소 짓게 했던 사건이 있었다.

그런 말이 바로 유머와 배려가 있는 죽이는 한마디다.

긍정의 단어를 쓰면 쓸수록 긍정의 밝은 미소를 불러온다.

• **유머하라, 포기하지 말고 끈기 있게**

유머로 말하는데 가장 큰 걸림돌은? 너무 빨리 포기한다는 점이다. 아직도 우리나라 리더들이 국제무대에서 조롱거리가 되는 이유는 바로 유머감각이 없다는 점이다. 김정은이 하고 다니는 옷차림이나 말투, 그의 걸음걸이를 보면 참 우스꽝스럽다. 그건 북한이 아직도 웃음이 통제되는 나라이기 때문이다.

마찬가지로 우리나라의 리더라는 사람들도 해외에서 보면 참 우스꽝스럽게 비친다. 유머를 사용하면 가벼워 보이고, 신중하지 못하고, 신뢰를 주지 못한다고 착각하는 것이다. 남을 웃기려고 노력하기보다는 오히려 힘으로 누르려고 한다. 혹시 당신도 벌써 유머를 포기하지는 않았나? 아직 늦지 않았다. 보람상조가 찾아오기 전까지 포기하면 안 된다.

말을 하는 이유는 소통을 위한 것이다. 소통의 가장 쉽고 빠르고 효과적인 방법이 바로 상대방을 웃게 만드는 것이다. 바로 무장해제된다.

매일 조금씩 노력해보자. 가족과 〈개콘〉이나 〈웃찾사〉나 〈코빅〉도 함께 보며 웃기도 하고, 유머 책을 사서 읽기도 하고, 썰렁하다는 소리를 듣더라도 말속에 유머를 섞어서 자주 써보시기 바란다.

세종대왕이 만든 고등학교는?

정답 : 가갸거겨 고교

신상훈의 핵심톡킹 12

1. 유쾌한 사람은 '영웅본색'이다
1) 영어 외우듯 유머를 써먹는다.
2) 웅변에 강하다.
3) 본인이 크게 웃는다.
4) 색드립에 강하다.

2. 유쾌한 유머 스피치의 3원칙
1) 내가 입을 여는 경우는 웃을 때와 웃길 때뿐이다.
2) 긍정의 단어만 써라.
3) 유머하라, 포기하지 말고 끈기 있게.

PART 3

—

풀리지 않는 대화,
'말(질문)'로 풀어라

TALK 13
'꽉' 막힌 대화, 시원하게 뚫어주는 5가지 방법

두 발로 걷는 공룡은? 둘리
두 발로 걷는 쥐는? 미키마우스
그러면 두 발로 걷는 오리는?
도날드 덕? 아니다. 오리는 다 두 발로 걷는다.

어릴 때 들었던 조크인데 요즘 젊은이들에게 해봐도 통한다. 유머는 유통기간이 없어서 좋고 저작권도 없어서 좋다. 내가 만든 유머에 저작권 행사를 못 하는 건 좀 아쉽기는 하지만, 그래도 돌고 돌아 누가 나에게 내가 만든 유머를 말해줄 때면 기분이 왠지 좋아진다. 하나만 예를 들면 이런 거다.

손가락들이 자기 자랑을 하기 시작했다.

(엄지) 내가 제일이야. 최고라고 할 때 나를 치켜세우잖아.

(검지) 무슨 소리야. 내가 제일이야. 제일 중요한 건 내가 가리키잖아.

(약지) 조용히 해라. 가장 소중한 건 건강인데 엄마가 약을 저어 줄 때 어느 손가락을 사용하니? 나야, 나. 그리고 가장 중요한 결혼반지를 어디다 끼는지 생각해봐.

(새끼) 치, 내가 제일인 거 몰라? 중요한 약속을 할 때는 날 이용하잖아.

조용히 듣고 있던 가운데 손가락이 뭐라고 했을까?

(중지) ……

이걸 보고 웃었다면 꽤나 유머 감각이 높은 사람이다.

이번 강의는 정말정말 중요하다. 왜냐하면 CEO 스피치를 관통하는 주제를 다루기 때문이다. 끝내주는 한마디를 하는 것이 우리의 목표다. 손가락은 한 손에 다섯 개가 있다. 미키마우스는? 4개다. 왜냐하면 제작비를 절감하기 위해서다. 일반 영화는 1초에 24장의 사진이 필요하고 만화영화는 8~20장의 그림이 필요한데, 손가락이 하나 적으면 그만큼 그리기 쉬워서 제작비가 적게 들어간다. 그럼 아예 세 손가락으로 만들면 어떨까? 그건 좀 이상하다. 어쨌든 오늘은 다섯손가락에 주목하기 바란다. 앞에서 끝내주는 한마디를 위한 5요소를 말씀드렸다.

다시 한 번 그 5요소를 말해보자.

감성, 콘텐츠, 논리, 표현력, 유머

이 5요소가 고르게 있어야 확실하게 끝내주는 말을 잡을 수 있다. 하나라도 부족하다고 말이 안 되는 건 아니지만 왠지 부자연스럽고 부족하다. 이 5요소를 살뜰히 활용해서 말하는 법을 배워보자. 몇 가지 상황을 뽑아봤다.

첫 만남 : 내가 받고 싶은 첫인사를 상대방에게 먼저 하라

우선 처음 만나는 사람과의 대화다. 5가지 중에 무엇이 가장 중요할까? 첫 만남은 첫인상이 좌우한다. 그러니까 표현력을 통해 상대방을 환한 미소로 바라보며 다가서는 게 중요하다. 악수를 하며 감성적으로 '난 당신을 환영합니다'라는 느낌으로 다가서야겠다. 그리고 상황에 맞는 첫인사 콘텐츠를 떠올리며 그중 하나를 사용하는 것이다.

"처음 뵙겠습니다. 프로필 사진을 다시 찍으셔야겠네요. 실물이 훨씬 미남이세요."

이렇게 말하면 상대방에 대해서 미리 검색해보고 만남을 준비했다는 뜻이니까 듣기 좋을 것이다. 더구나 잘생겼다니 얼마나 좋은 칭찬인가?

단 너무 상투적으로 사용할 때는 치명적인 실수를 하기도 한다.

"TV에서보다 훨씬 아름다우시네요."

배우들에게는 듣기 좋은 칭찬이 아니다. 방송에서 더 예뻐 보여야 먹고사는 사람들이니까.

"방송이 훨씬 낫습니다"라고 말하는 것도 욕이다. 이럴 때는,

"방송에서 보던 스타를 직접 만나 뵈니까 영광입니다"라고 말하는 게 무난하겠다.

조금 유머를 가미한다면, "저도 그럭저럭 먹히는 얼굴인데 이렇게 옆에 서니까 완전 오징어가 됐네요."

내가 낮아지면서 상대방을 띄워주는 게 가장 좋은 첫인사다.

"드디어 만나 뵙는군요. 정말 영광입니다."

"시간 내주셔서 정말 감사합니다. 안 만나주시면 내일까지 여기 서서 기다릴 생각이었습니다."

"여기 제 명함입니다. 기념으로 받아주시죠. 연말에 추첨도 합니다. 잘 간직해주세요."

"마침 명함이 떨어졌네요. 주민등록증을 드릴까요? 이름 주소 다 있는데."

"우리 어디서 만난 적 없나요? 무척 낯이 익은데, 혹시 고등학교? 초등학교? 아면 서울시립병원에서 태어나셨나요?"

"초면에 실례가 되는 줄 알지만, 정말 제 이상형이시네요. 20년 만 일찍 만났더라면 좋았을걸."

"만나서 반갑습니다. 혹시 오늘 대리 필요하면 미리 말씀해주세요. 제가 집까지 모셔다 드릴게요."

"혹시 멘솔 향수 뿌리셨어요? 아니요? 그럼 멘솔 담배 피우세요?"

이런 멘트를 잘 활용하면 만나자마자 바로 남녀가 친해질 수도 있고, 잘못 사용하면 바로 헤어질 수도 있고……. (어느 광고회사에서는 첫인상은 2

초 안에 결정된다고 한다. 초단위 승부에서 승리하시길~)

표현력의 문제다. 어쨌든 감성적으로 따뜻하고 좋은 사람이라는 인상을 짧은 순간에 심어주는 것이 중요하다. 어떻게? 당신이 10초 안에 상대방에 대해 선입견을 갖는 것처럼 상대방도 당신에게 선입견을 갖게 된다. 그걸 역으로 활용하면 된다. 내가 상대방에게 받고 싶은 첫인사를 상대방에게 먼저 하면 된다.

부탁할 때 : '오아시스'를 외쳐라

나도 사실 남에게 부탁하는 걸 잘 못한다. 왜냐하면 남에게 신세지는 걸 싫어하니까. 그런데 살아보니까 내가 부탁을 싫어했던 솔직한 이유는 남들이 나에게 부탁하는 게 싫었기 때문이다. 내가 이기적인 거다. 그렇게 살면 안 되겠다고 생각했다. 그래서 나도 적극적으로 상대방의 부탁을 잘 들어주기로 했고, 마찬가지로 나도 상대방에게 필요한 부탁을 하면서 살기로 했다. 그런데 부탁할 때 정말 잘 부탁해야 한다. 여기에도 5요소가 작용한다. 특히 감성. 아들이 나에게 부탁하는 건 웬만하면 다 들어준다. 내가 사랑하는 아들이니까. 아내의 부탁도 웬만하면 들어준다. 맞지 않고 살려면…….

부탁을 들어주고 안 들어주고는 감성이 좌우한다. 이성적인 판단도 중요하겠지만 감성이 더 앞선다. 아무리 이자를 많이 쳐준다고 해도 싫은 사람에게 돈 꿔주고 싶지 않다. 부탁을 하려면 일단 당신이 좋은 사람이 되어야 한다.

비좁은 차 안에서 툭툭 건드리며 길을 비켜달라고 하면 기분 나쁘다. 대신, "실례합니다. 잠시 좀 지나갈게요."

닫히려는 엘리베이터를 잡으며 "죄송합니다. 제가 좀 늦어서……."

실제로 몇 년 전 어떤 기업의 사옥 엘리베이터를 탔는데 닫히려는 문을 잡으면서 그 기업의 사장이 타는 것이었다. 자기 회사 엘리베이터라고 거만하게 굴 줄 알았는데 가볍게 목례를 하며 "죄송합니다" 하고 인사를 하는 거다. 그 후로 내가 강의를 다니면서 그 회사 칭찬을 했던 적이 있다. 만약 그냥 탔더라면 '뭐야, 지가 엘리베이터 전세 냈나?' 하며 기분 나빴을 것이다.

자판기 앞이나 화장실 휴지 뽑는 곳 앞에 다른 사람이 서 있을 경우, 눈치 빠른 사람이면 다른 사람에게 살짝 양보를 할 텐데 우리나라는 그런 사람이 드물다. 떡 하니 버티고 자기 볼일 보기 바쁘다. 그 뒤에 온 사람도 말없이 그냥 툭 치거나 앞을 가로지르는 경우가 많다. 우리끼리 살 때는 그러려니 하지만 외국인과 함께 사는 글로벌 환경에서는 이 때문에 한국인이 무례한 민족으로 보이나 보다.

이때도 가벼운 말로 분위기를 부드럽게 만들어 보자.

"익스큐즈 미."

영어는 간단한데 우리말인 "실례합니다"는 좀 어색하다.

비좁은 버스에서 나오려다가 '실례합니다'를 두세 차례 했던 적이 있다. 그러자 승객 중 하나가 퉁명스러운 목소리로 "실례하슈!" 하는 거다.

그렇다고 옛날 부채도사처럼 "실례, 실례합니다. 실례, 실례 하세요." 이럴 수도 없고, 또 그렇다고 "짐이요, 짐!" 이럴 수도 없다.

아직까지 우리나라는 이런 기본적인 에티켓을 위한 말이 보편화되지 않았다. 일본은 오아시스 운동을 통해서 이걸 해결했다고 한다. 전후의 암울한 분위기를 걷어내고 세계인에게 밝고 힘찬 일본의 위상을 보여주기 위해 개최한 1964년 도쿄올림픽. 올림픽 때 온 세계에서 몰려온 관광객들에게 친절한 이미지를 심기 위해 시작한 캠페인이 바로 '오아시스 운동'이다.

오 – 오하이오 고자이마스 : 안녕하세요
아 – 아리가토우 고자이마스 : 감사합니다
시 – 시츠레이 시마스 : 실례합니다
스 – 스미마센 : 미안합니다

마을마다, 학교마다 입간판을 세우고 전국에서 오아시스를 외쳤다. 그 결과 일본은 친절과 인사성의 대명사가 된 것이다. 우리도 이런 운동이 필요하다고 생각한다. 적어도 이 두 단어, 감사와 실례는 입에서 술술 나올 수 있도록 해야 한다.

"감사합니다."

"실례합니다."

부탁을 할 때는 무조건 "실례합니다."

유무형의 서비스를 받았다면 "감사합니다."

적어도 이 책을 읽은 당신부터 실천해보자.

식당에서 다른 사람 앞을 지나칠 때는 "실례합니다."

빈 의자가 필요할 때는 "실례합니다. (의자) 가져가도 될까요?"

주문을 할 때는 "실례합니다. 메뉴 좀 주세요."

음식을 가져다줄 때는 "감사합니다."

반찬을 더 요구할 때는 "실례합니다. 물김치가 맛있네요."

카드 계산이 끝나서 돌려받을 때는 "감사합니다."

먹고 나오면서는 누군가 계산해줬다면? "감사합니다. 잘 먹었습니다."

이런 기본적인 대화법에 익숙하지 않으면서 무슨 연설을 하고 프레젠테이션을 하겠는가. 특히 CEO들 중에는 식당에서 반말 비슷하게 하는 경우들을 종종 봤다. 무조건 하대하는 경우도 많다. 이런 사람과는 되도록 비즈니스 같이 하지 않는 게 좋다. 이런 정치인은 절대 찍어주지 말자. 누군가에게 무례한 사람은 당신에게도 무례하게 굴 사람이니까.

거절할 때 : 솔직하고 빠르게

기업체나 지자체에 강사로 다니면서 평소에 만나기 힘든 분들과 자주 접하게 된다. 성공한 사람들에게는 특징이 있다. 가장 두드러진 특징은 약속은 힘들게 하지만 지키는 건 꼭 지킨다는 점이다. 일반인은 반대로 한다. 약속은 쉽게 하고 지키는 건 안 한다.

"언제 밥 한번 먹자."

그 밥 다 먹었으면 배 터져 죽었다.

또 하나 성공한 CEO의 특징은 거절이 빠르다는 점이다.

"친구야, 난 돈 좀 꿔줘."

"얼마나? 어디에 쓰게? 언제 갚을 건데? 음, 그런데 마누라에게 물어봐야 해."

이러고 다음 날 거절하면 화가 난다. 기대가 무너지기 때문이다.

진짜 친한 친구고 돈을 꿔줘야 한다면 이렇게 말하면 된다.

"계좌번호 좀 찍어줘."

그 밖의 부탁이나 청탁 같은 건 상대방이 상처 입지 않는 선에서 부드럽게 거절할 줄 알아야 한다.

"너무 미안한데 그날은 선약이 있어. 다음 주에 하면 안 될까?"

"나도 지금 막 나가려던 참이라서, 이거 정말 미안해. 대신 내가 다른 사람을 소개해줄게."

"내가 꼭 필요한 게 아니라서 구입하기는 어렵겠는걸. 미안해."

"이번엔 내가 부탁할게. 그냥 밥이나 먹자. 옛날 얘기 하면서······."

사실 부탁하는 사람도 힘들게 했을 텐데 거절을 당하면 마음이 아프다. 그걸 헤아려주는 사람이 되자. 못 들어줄 때는 솔직히 빠르게 거절하자.

그러면 상대방도 이해해줄 것이다. 이해하지 못한다면 진정한 친구가 아니다. 들어줄 수 있으면 들어주되 거절해야 한다면 빠르게 하자.

화를 낼 때 : 화가 나면 화를 내라

대부분의 화병은 화를 못 내서 걸리는 병이다. 화가 나면 화를 내라. 그러나 웃으면서 화내는 방법을 터득하면 더 좋다.

비즈니스로 만나서 점심을 먹던 중 웨이트리스가 상대에게 물을 쏟았다. 그때 불같이 화내는 것을 보고 동업을 포기했다는 사장님의 말을 들은 적이 있다. 화는 그럴 때 내는 게 아니다. 이렇게 말했으면 어땠을까?

"제가 꽃으로 보이시나 봐요. 가뭄에 물을 주시네요. 하하하."

접촉사고가 났을 때 뒤통수를 잡고 뛰쳐나가 화를 내기보다는,

"다치신 데는 없나요? 저도 무사합니다. 그러면 이제 큰일 난 곳은 보험회사네요. 허허허, 연락해볼까요?"

은행에서 내가 실제로 겪었던 일이다. 행원이 본사에 전화를 해서 환전에 대해 알아보면서,

"환전한도가 어떻게 되죠? 지가, 아니 손님이 그러는데……."

난 그날 완전히 화가 났다. '지가'라니!

평소에 손님에 대해 말할 때 '지들이, 지들이' 하던 버릇이 남아서 그랬을 거다. 사과가 없기에 나가면서 이렇게 말했다.

"지가요, 이 은행에 브이아이피예요. 지가 나중에 연락 좀 드릴게요."

그리고 고객센터에 전화를 해서 주의를 줬다. 진정한 고객은 회사의 구멍을 신고해주는 고객이다.

이런 일도 있었다. 양재동에 있는 한 햄버거 가게에서 겪은 일이다. 햄버거를 사기 위해 줄을 서 있는데 앞 손님이 먹던 햄버거를 놔두고 돈을 받아 갔다. 이상해서 물어봤다.

"뭐가 나왔나요?"

그랬더니 그 손님 왈, "바퀴벌레요. 몇 마리가 나왔는지 아세요? 가장 징그럽다는 반 마리가 나왔어요. 에퉤."

그날이 마침 휴일이라 다음 날인 월요일에 그 회사 고객센터에 전화를 했다.

"…… 이런 일이 있었다. 주의를 좀 줘라."

그랬더니 그 상담원 말이 요상했다.

"네, 조사해보고 사실이면 조치하겠습니다."

'사실이면?' 그럼 지금까지 내 말을 사실로 믿지 않았다는 건가? 그래서 이렇게 말해줬다.

"제 이름도 안 물어보셨죠? 원래 이런 신고는 이름부터 묻고 연락처도 물어서 나중에 처리 결과를 알려줘야 하는 겁니다. 제 이름은 신상훈이고 누군지 알고 싶으면 검색창에 쳐보세요. 그리고 둘 중에 하나 고르세요. (시사매거진)2580에 나오실래요? 먹거리 X파일에 나오실래요?"

고객들의 불만사항과 궁금증을 게시판 담당자의 유머와 위트로 풀어내서 바퀴벌레 잡는 회사에서 온 국민의 관심을 사로잡은 '세스코'의 성공신화를 생각해보라. 직원의 유머감각이 회사의 미래까지 좌우한다.

20년간 애용하던 그 햄버거 체인점을 다시는 가지 않고 있다. 화는 이렇게 내는 거다.

사과할 때 : 진심이라는 사과가 맛있다

사랑할 때는 말이 필요 없지만 사과할 때는 꼭 필요하다. 말로 해야 상대방이 확실히 알아들을 수 있다.

한 음식점 체인점에서 종업원과 손님 간에 다툼이 있었다. 손님은 자신이 임산부인데 종업원에게 폭행을 당했다고 SNS에 올린다. 일파만파 퍼져나가 모든 비난을 그 식당이 먹게 된다. 체인점 사장은 바로 입원해 있는 임산부에게 달려가 사과를 했다. 그러나 모든 언론과 SNS에서는 그 식당을 비난했다.

그러나 여기서 반전이 시작된다. 빠른 사과 이후 CCTV를 공개한 것이다. 그랬더니 오히려 폭행을 당했다는 임산부가 종업원의 머리채를 잡고 온갖 진상 짓을 하는 게 드러났다. 이로 인해 그 식당은 누명을 벗었을 뿐더러 더 엄청난 홍보 효과를 누리게 된다. 실제로 이 사건이 터졌을 때 나도 그 식당에 가봤는데 자리가 없어 다시 돌아와야 했다. 여기서 우리가 배워야 할 점, 사과는 무조건 빨리 하는 게 좋다.

가장 맛있는 사과는 훔친 사과가 아니라 진심으로 하는 사과라는 것을 명심하자. 일부 리더들 중에는 사과하는 걸 수치라고 생각하는 사람이 있는데, 아니다. 진정한 리더는 사과할 때 제대로 깊이 사과할 줄 아는 사람이다.

"미안합니다. 모두 저의 불찰입니다. 제가 전부 책임지겠습니다."

진심으로 하는 사과는 오래도록 기억에 남는 멋진 한마디다.

"죄송합니다. 제 잘못입니다."

"아니에요. 제 탓이에요."

먼저 사과하는 사람이 사실은 용기 있는 사람이라는 걸 명심하자. 가장 듣기 좋은 소리는 "아이 엠 소리"다.

신상훈의 핵심톡킹 13

시원하게 대화를 풀어주는 5가지 방법

1) 첫 만남에서 : 내가 받고 싶은 인사를 상대방에게 먼저 하라.
2) 부탁할 때 : 오아시스를 외쳐라.
   오 - 오하이오 고자이마스 : 안녕하세요
   아 - 아리가토우 고자이마스 : 감사합니다
   시 - 시츠레이 시마스 : 실례합니다
   스 - 스미마센 : 미안합니다
3) 거절할 때 : 솔직하고 빠르게
4) 화를 낼 때 : 화가 나면 화를 내라.
5) 사과할 때 : 진심이라는 사과가 맛있다.

TALK 14

말로 극복하라

차승원이 주인공 독고진으로 나왔던 〈최고의 사랑〉이란 드라마가 있었다. 참 재미있게 본 드라마다. 공효진이 상대 배역인데, 참 독특한 여배우다. 솔직히 말해서 아주 예쁘게 생긴 것도 아닌데 드라마에 빠져 들면 그 캐릭터가 빛을 발해서 멋진 매력을 발산한다. 예전에 바브라 스트라이샌드 같은 분위기다. 얼굴은 안 예쁜데 연기를 보면 빠져들게 만드는. 어쨌든 독고진의 대사 중에 이런 게 있었다.

공효진을 끌어안으며 "난 지금 충전 중이야." 그리고 어떤 위기를 극복하고 나면 "극뽀옥!", 여러분이 독고진이 되어 어떤 어려움이 닥쳐도 '극복'하는 방법을 배워보자. 말로 극복하는 방법을!

말로 지루함을 극복하라

2014년 8월호 〈하버드 비즈니스 리뷰〉에 실린 내용을 보니 화상회의를 하는 사람들의 13%는 딴생각을 하고, 27%는 졸고, 40% 이상의 사람들이 회의에 집중하지 않는다고 한다. 혹시 여러분 중에도 이 글에 집중하지 않는 사람이 있으면 집중, 집중!

왜 집중을 안 하는 것일까? 몇 가지 원인이 있다.

첫째, 말이 진부하고 길기 때문이다. 해결책은 '단순, 심플, 짧게'다.

"김 부장, 그러니까 내 말은 이번 프로젝트에 우리 회사 사활이 걸려 있다고. 총력을 기울여서 어떻게든 성사시켜야 해. 이번 입찰에 안 되면 우리 회사가 힘들어 진단 말이야. 늦지 말고 서류도 빠트리지 말고 또……."

중언부언, 시시콜콜, 일장연설, 오락가락……. 말이 뫼비우스의 띠처럼 끝없이 이어진다. 이러면 아무리 집중력 좋은 사람들도 점점 지쳐간다. 다양성이 요구되는 현대사회에서 쏟아지는 정보와 지식 중에 불필요한 것과 필요한 것으로 구별하는 능력이 있어야 한다. 그게 상실되면 업무수행 능력이 떨어진다.

언제부터인가 멀티태스킹이 유행을 했다. 동시에 여러 가지 일을 하는 사람을 능력 있는 사람이라고 추켜세웠는데 결론만 말씀드리면 멀티태스킹은 없다. 그렇게 보일 뿐이다. 사람은 한 번에 하나씩밖에는 일을 못 한다. 운전과 폰을 같이 사용하는 것처럼 보이지만 언젠가는 사망이다.

남자들은 샤워하면서 이 닦으면서 오줌을 눈다. 이걸 멀티태스킹이라고 하나? 그냥 바보짓 하는 거다. 하나씩 해야 깔끔하게 잘할 수 있다.

우리가 명심할 말은 '선택과 집중', 이것이 정답이다. 집중을 방해하는 지루함, 이것을 극복하려면 심플하게 말해야 한다. 짧게 말하는 것도 능력이다. 이 능력은 배우고 연습하면 누구나 펼칠 수 있는 능력이다.

<u>짧게 말하는 방법</u>
- 먼저 들어라.
- 그림을 그려라.
- 압축해라.
- 머리로 상상하며 말하라.
- 입으로 직접 말하라.

말의 시작은 입이 아니라 귀다. 먼저 남의 말을 들은 후에 내가 할 말을 그림으로 상상하자. 젊은 친구들은 영상을 보며 자랐기 때문에 영상언어에 익숙하고 50대 이상 된 중장년층은 글자에 익숙하다. '사과'라는 단어를 듣자마자 사과 그림이 생각나는지 사과라는 글자가 생각나는지 <u>스스로 판단해보면</u> 안다. 할 말을 그림으로 그려 보면서 (스케치하듯) 생각하라. 그러면 해야 할 말을 압축할 수 있다. 그리고 머릿속으로 우선 말해보라. 이 모든 게 가능한 이유가 우리는 1분에 평균 150단어를 말할 수 있는데 머릿속 상상으로는 700단어를 생각하기 때문이다. 그러니까 상대방의 말을 들으면서도 600단어를 동시에 떠올릴 수 있다. 떠오르는 단어를 다 쏟아내니까 말이 길어지고 장황하며 지루해지는 것이다. 머릿속으로만 생각해서 압축된 단어를 일단 머릿속에서 말해본 후 준비가 끝나면 입으로 짧게 말한다.

"김 부장, 지난번 등산 갔을 때 기억나지? 이번 입찰도 그거랑 똑같아."

"무슨 말씀이신지……."

"떨어지면 죽는다고. 파이팅!"

유학간 아들에게 전화로 길게 잔소리하는 부모가 많다.

"아빠가 너를 얼마나 생각하는지 알지? 그런데 너 왜 연락이 없냐? 아빠 안 보고 싶어? 공부는 잘하냐? 밥은 먹고 다녀?"

이렇게 길게 말해봤자 자식들은 잘 듣지 않는다. 짧고 굵게 말하라.

"송금했다."

"감사합니다, 아버지."

"그런데 이번이 마지막이야. 앞으로 연락 없으면 송금도 없어."

그러면 이제부터는 돈 떨어지면 연락이 올 것이다.

사람들이 집중하지 않는 것은 흥미가 없기 때문이다. 해결책은 재미! 미국의 광고전문가 빌 번바흐Bill Bernbach는 이런 말을 했다. 사람들은 알지 못하는 것은 믿지 않는다. 그리고 듣지 않으면 알지 못한다. 재미가 없으면 듣지도 않는다. 당신의 말이 지루한 이유는 한마디로 재미가 없기 때문이고 따라서 효과적이지도 못하다. 내가 스피치 강의에서 가장 중요하게 생각하는 점이 바로 이것이다. 말이 통하려면 상대방의 마음을 열어야 하는데 그 열쇠 중 하나가 유머다. 말 잘한다고 생각되는 사람들의 공통점은 바로 웃긴다는 것이다. 그러니까 말을 잘하고 싶으면 웃기는 법을 먼저 배우면 된다.

"유머가 좋은지 누군 모릅니까? 그런데 저는 소질이 없는 걸요"라고 말하는 사람이많다. 그러나 이 말을 하는 자체가 스스로 입을 틀어막고 있는 셈이다. 입에 붙은 반창고를 떼내고 다음 문장을 따라 읽으라.

"하하하……."

아주 쉽다. 간단하고 재미있는 문장이 바로 이거다. "하하하!" 유머는 내가 남을 웃기는 것보다 내가 웃어주는 게 중요하다. 모든 문장의 앞에 웃음을 깔면서 시작해보라. "하하하, 제 차를 뒤에서 받으셨네요. 허허허… 다치신 데는 없나요? 제가 신호등 앞에 너무 오래 서 있었나 보군요. 빨간불이라 갈 수가 없어서……. 허허허."

어차피 벌어진 사고, 이런 여유가 있어야 보상금을 더 많이 받아낼 수가 있다.

"허허허, 가불을 해달라고? 허허허, 가불은 불가네. 허허허."

"허허허, 오늘 판매가 제로라고? 곧 자네 월급도 제로가 되겠군. 허허허."

장난이 아니다. 한번 떠올려 보라. 예전에 당신이 화를 냈던 사건을. 만약 그때 그렇게 화를 내는 대신에 허허허, 웃으면서 여유롭게 대처했더라면 얼마나 더 현명하게 문제 해결을 했을지 떠올려 보라. 지나고 나면 다 별일 아니니까 웃으면서 문제를 처리해보자.

이제부터는 심플하고 재미있는 말로 지루함을 극복!

말로 불안감을 극복하라

불안은 미래에 벌어질 실수나 실패를 미리 당겨오는 것이다. 아니 돈도 아닌데 무엇 하러 그런 걸 미리 당겨오나? 더군다나 벌어질지 아닐지 알 수도 없는 확률인데 말이다. 특히 부정적 성향의 사람들이 미래를 불안하게 본다. 가수 비욘세가 무대에 서기 전에 긴장되지 않느냐는 기자의 질문에 이렇게 대답했다.

"긴장이 안 된다면 오히려 긴장해야 합니다. 긴장은 지극히 정상적인 거죠. 다만 그 긴장을 쇼로 발산해야 하는 겁니다."

그러니까 불안감을 극복하는 길은 긍정의 힘으로 꽉꽉 밀어붙이는 것이다. 일단 말부터 긍정의 말로 바꾸자.

"난 이 홀만 오면 OB(out of bounce)가 난단 말이야."

그 말을 누가 제일 먼저 들을까? 바로 자기 자신이다. 그러니까 오비가 나는 거다. 불길한 예감은 틀리는 법이 없다. 좁은 페어웨이에서는 일부러 이런 말을 해보자.

"양쪽이 OB구먼. 비거리가 나는 자네들은 걱정되겠지만 난 거리가 짧아서 OB는 안 나."

그리고 티를 좀 낮게 하고 채를 짧게 잡고서 스윙을 해보자. 거리는 좀 짧겠지만 똑바로 날아가서 OB는 안 난다. 몸의 자세를 바꿔주는 것도 불안감 극복에 도움이 된다. 운동선수들은 뻣뻣하게 서서 운동하지 않는다. 다리를 어깨 넓이로 벌리고 살짝 다리를 굽혀주고 호흡을 가다

듣는다. 언제라도 달려 나갈 준비를 하는 거다.

　불안감 극복도 그렇게 하는 것이다. 우선 굳은 몸을 풀어준다. 가벼운 맨손체조도 좋고, 헛기침도 좋고, 심호흡도 좋고. 특히 무대에 설 때는 불안감이 엄습해온다. 이럴 때 몸을 흔들어 가볍게 풀어보자. 나는 화장실에 다녀오며 불안감을 풀어본다. 천천히 걸어서 화장실에 도착해 볼일을 보면서 준비를 한다. 그리고 손을 씻는다. 앞에 있는 거울을 보며 이렇게 다짐을 한다. (몸도 마음도 잠깐 쉬라고 화장실이 restroom인가?)

　"오늘 이 무대가 내 인생 최고의 강의가 될 거야."

　강력한 긍정의 말로 불안감 극복!

말로 일상의 평범함을 극복하라

'보통 사람'이라는 말이 유행했던 적이 있다. 지금 돌이켜보면 보통이란 단어로 특별함을 포장했던 거다. 실제 보통으로 평범하게 살기는 쉽지 않다. 대학생 때 "난 그냥 평범하게 보통 사람으로 살래" 하는 친구가 있었다. 그 말을 듣는데 무척 멋있어 보였다. 그런데 지금 돌이켜 생각해보면 그 말이 참 안타깝게 들린다. 특별할 수 없으니까, 어차피 난 그냥 평범하게 살 테니까, 자신을 위로하고 포장하기 위해 한 말이 아니었을까?

　물론 이 말에 동조하지 않는 사람도 있을 거다. 그러나 대부분의 사람들은 성공하길 원하고 남보다 잘나가고 싶어 한다. 그게 힘들어지거나 경쟁에서 탈락하면 '난 그냥 보통으로 살래' 하고 자기를 위안하는 게 아닐까?

정말 평범하게 살고 싶은 분들을 폄하하려는 게 아니다. 다만 내 말뜻은 어차피 태어난 인생, 목표에 도달하는 성취감을 맛보는 게 얼마나 좋으냐는 거다. 당신이 이 책을 보는 이유도 남들보다 말을 잘하고 싶다는 욕망 때문이 아닌가? 인간은 모두 '욕망이란 이름의 전차'를 타고 가는 사람들 아니겠는가? 그렇다면 여러분의 평범한 일상을 말로 극복해보자. 나와 같이 일하던 피디 중 한 사람은 항상 '썸씽 뉴'를 입에 달고 살았다.

"신 작가! 이번 기획에는 썸씽 뉴가 없어. 뭐 썸싱 뉴 없어?"

새로움을 추구하는 건 인간의 또 다른 욕망이다. 반복되면 지루하니까 새로움을 찾게 된다. 물론 평범하고 일반적인 것의 고마움을 모르는 것은 아니다. 그러나 썸싱 뉴로 변화를 주지 않으면 일반적인 것도 빛이 바래는 게 현실이다.

대학의 최고위 과정에서 처음 만나는 사람들끼리 인사를 한다.

"안녕하세요. 조경업을 하는 김대팔입니다."

"아, 그러세요. 저는 식당을 운영하는 이만복입니다."

대화는 여기서 끝. 만약 이 대화를 약간 새롭게 비틀어보면 어떨까?

"안녕하세요. 저는 나무 팔아 목돈 벌고 잔디 팔아 떼돈 버는 조경업자 김대팔입니다."

"하하하, 미꾸라지보다 더 큰 게 뭔지 아세요?"

"글쎄요."

"미꾸 엑스 라지입니다. 저는 추어탕집 하는 이만복입니다. 허허허."

평범한 인사를 살짝 바꿨더니 인사만으로도 절친처럼 가까워진다.

뻔하고 지루한 전화 멘트도 바꿔보자.

"저희 ○○텔레콤을 이용해주신 고객 여러분 감사합니다. 지금은 통화량이 많아서 대기시간이 깁니다. 다음에 다시 전화해주시기 바랍니다."

이런 멘트를 들으면 누구나 짜증이 날 것이다. 펀 경영으로 유명한 사우스웨스트 항공사에서는 멘트를 이렇게 바꿨다.

"사우스웨스트 에어라인에 전화주신 여러분 감사합니다. 만약 기다리시기 지루하시면 8번을 눌러주시기 바랍니다. 8번을 누른다고 빨리 연결되는 것은 아닙니다. 하지만 잠시 짜증이 사라집니다. 지루할 때마다 8번을 눌러주세요."

평범한 표어도 조금만 달리해보자.

'졸리면 쉬어가세요', '졸음운전은 자살행위, 음주운전은 타살행위' 이런 무시무시한 표어보다는 '졸음운전의 종착지는 이 세상이 아닙니다' 같은 표어가 훨씬 가슴에 와 닿는다. 졸음쉼터와 이런 효과적인 표어 덕분에 우리나라 고속도로 사고 건수가 많이 줄었다고 한다.

"안녕하십니까?" 평범한 인사 대신 "안녕하시렵니까?"라고 인사했던 신동엽 씨가 왜 아직도 인기가 있는지 잘 생각해보라. 주변에 말을 평범하지 않게 하는 사람이 몇 프로쯤 있는지? 그 숫자만큼 성공하는 사람이 있다. 이제 뭔가 다른 새로운 말로 일상의 평범함을 극복!

말로 위기를 극복하라

—

배가 침몰하는 위기의 순간에 사람 목숨을 구하는 것은 구명조끼도, 구명정도, 헬기도, 해경도 아니다. '탈출하라'는 말이다. 말로 사람을 죽이고 살린다. '가만히 있으라'고 하면 죽고 '일어나라'고 하면 사는 것이다.

당신은 과연 위기의 순간에 어떤 말을 할 수 있을까?

문제를 내겠다. 우리나라의 한 햄버거 체인점의 식당에 붙어 있는 화재 시 행동요령이다. 화재가 났을 때 제일 먼저 하라고 적혀 있는 것은 무엇일까?

1. '불이야'라고 소리쳐라.
2. 119에 신고해라.
3. 소화기로 불을 꺼라.
4. 손님들을 대피시켜라.

정답은 5. 매니저에게 보고하라. 왜냐하면 불이 났을 때 상황 판단을 하는 것은 매니저의 역할이기 때문이다. 우리나라에서 끊임없이 대형 사고가 발생하는 이유는 제대로 된 매뉴얼이 없기 때문이다. 매뉴얼이 있어도 모두에게 숙지되지 않은 탓이다. 그리고 상황을 판단, 지시, 통제할 수 있는 컨트롤타워가 불분명하기 때문이다.

비상 상황이 발생하면 가장 먼저 컨트롤타워에 알려야 한다. 그게 위기 극복의 시작이다. 그래서 말이 중요하다. 말로 알려야 하니까. 앞으로 벌어질지 모를 위기를 극복하기 위해 말을 준비하고 연습하고 실행에 옮겨보자. 실행 같은 연습, 연습 같은 실행이 중요하다.

"야, 너 정말 일을 이따위로 할 거야?"

화가 나는 순간이 리더에게는 가장 위기다. 화가 나면 이성을 잃기 때문이다. 이런 위기의 순간에 가장 필요한 것은 용서다. 용서해야 하는 이유를 간디에게 배워보자.

약자는 용서하지 못한다. 용서는 강자만이 할 수 있다. ― 마하트마 간디

당신이 강자이기에 용서해야 한다. 동영상 강좌를 녹화하던 초창기에 이런 전화를 받았다.

"신 교수님, 어제 찍은 강의 파일이 날아갔어요."

"날아가다니요? 파일에 날개가 달렸나요?"

"파일이 다 지워졌어요."

지워졌다. 힘들게 녹화한 건데 허탈하고 화가 났지만 화를 내지는 않았다.

"괜찮아요. 어차피 저도 맘에 안 들어서 다시 찍고 싶었어요. 다시 공짜로 찍어 주실 거죠? 허허허."

내가 성인군자도 아니고 화가 안 난 것이 아니다. 하지만 순간적으로 상대방 입장을 생각해봤다. 얼마나 당황했겠는가. 내가 화를 내고 신경

질을 낸다고 날아간 파일이 제 집을 찾아올 리도 없다. 어차피 계속해서 같이 촬영을 해야 할 사람이기에 화를 꾹 참고 다시 찍었다.

"사장님, 저희 제품에서 바퀴벌레가 나왔습니다."

"뭐야? 바퀴벌레가? 니들이 우리 회사를 말아먹으려고 작정을 했구나. 도대체 내가 몇 번을 말했어? 작업장 청소 잘하라고 말이야."

이렇게 한다고 해결이 될까? 어차피 일은 벌어졌다. 해결이 중요하다. 그러기 위해서는 직원들이 움직일 수 있도록 만들어줘야 한다.

"그럼 빨리 바퀴벌레가 암에 좋다는 연구결과를 찾아봐. 찾을 때까지 전 직원은 퇴근하지 말고 청소를 해."

"여보, 우리 아들이 이번에 또 음주운전을 하다가 경찰에……."

"어이고, 뒷목이야. 이놈의 자식을 내가 정말……, 운전사는 어디 갔던 거야? 술 처먹으면 운전시키지 말라고 했잖아. 도대체 일을 어떻게 하는 거야?"라고 호통을 쳐봤자 아무것도 해결되지 않는다.

짧고 간결하게 말을 하라.

"파."

"뭘 파요?"

"그 녀석 무덤을 파든지, 호적에서 이름을 파라고."

벌어진 일에 대해 화를 내면 판단력만 흐려진다. 이성과 용서로 위기를 극복!

> **신상훈의 핵심톡킹 14**
>
> **1. 지루함을 극복하라 : 선택과 집중이 필요하다. 짧게 말하자!**
> 1) 먼저 들어라.
> 2) 그림을 그려라.
> 3) 압축해라.
> 4) 머리로 상상하며 말하라.
> 5) 입으로 직접 말하라.
>
> **2. 불안감을 극복하라** : "오늘 이 무대가 내 인생 최고의 강의가 될 거야."
> **3. 일상의 평범함을 극복하라** : 뭐 썸싱 뉴 없어?
> **4. 위기를 극복하라** : 이성과 용서로 위기를 극복하자.

TALK 15

말로 리드하라

성공한 CEO의 공통점 3가지를 살펴보자.

첫째, 책을 많이 본다.
둘째, 결단이 빠르다.
셋째, 말을 잘한다.

중국 당나라 때 관리 선정의 기준으로 삼았던 신언서판身言書判을 보더라도 말이 중요하다는 것을 알 수 있다. 현대 사회에서는 그 사람이 얼마나 많이 알고 있느냐보다 얼마나 잘 표현하느냐가 중요하다. 그래서 입시와 취업에서 면접의 비중이 높아지는 것이다.

직원을 뽑을 때 아는 게 많은 데 말 못하는 사람과 아는 건 별로인데 말 잘하는 사람 중 누굴 뽑겠는가? 나는 둘 다 안 뽑는다. 많이 알고 말도 잘하는 사람을 뽑지. 말 잘하는 건 이제 리더들의 필수 조건이 되었다. 그래서 이 장에서는 스피치 리더십에 대해서 배워보도록 한다. 간결한 말로 리드하자.

부정적으로 말하지 마라

초등학교 3학년 때 교실에서 뛰다가 선생님 책상 위에 놓여 있던 물 잔을 깨트렸다. 선생님이 "누가 이 물 잔을 깨뜨렸지?"라고 물었을 때 나는 '제가 깼습니다'라고 말하지 못했다. 나중에 쉬는 시간에 선생님을 찾아가 사실대로 말했다. 순간적으로 누가 질책을 하면 누구나 아니라고 부인하려는 마음이 있다.

"넌 왜 그렇게 사람이 부정적이야?"

"아냐. 난 부정적이지 않아."

그러나 이미 그 말을 하는 순간 나는 부정적 인간이 되고 만다.

"넌 왜 그렇게 사람이 부정적이야?"

"응, 난 부정적이야."

얼마나 긍정적인가? 옆에서 듣는 사람이 볼 때는 내가 아니라 나를 비난한 그 사람이 부정적이라고 생각할 것이다.

부정적 명령을 하면 희한하게도 부정적인 일이 일어난다.

"지각하지 마."

"사고 내지 마."

"떨지 마."

이런 말들이 지각을 부르고 사고를 부르고 떨게 만든다는 걸 명심하라. 이렇게 긍정적 표현으로 바꿔보라.

"내일은 10분 전에 도착하는 거죠?"

"안전하게 오세요."

"힘차게 파이팅!"

만약에 어떤 정치인이 TV에 나와서 "내 아버지는 친일파가 아닙니다"라고 말한다면 그걸 본 국민들은 '아버지가 친일파 맞구나'라는 생각을 하게 된다. 어설픈 부정은 되레 역효과를 낸다.

'하지만'이라는 핑계는 대지 마라

리더들에게 필요한 것은 인정이지 핑계가 아니다. '하지만'이란 단어를 자주 사용하면 신뢰를 줄 수 없다.

"왜 늦게 입고하는 겁니까? 이러면 거래 못 해요!"

"죄송합니다. 하지만 저희들도 사정이 있습니다. 폭풍으로 배가 늦게 들어왔거든요"라고 말하기보다는 이렇게 말하는 게 낫다.

"죄송합니다. 폭풍까지 예상했어야 했는데, 저희 불찰입니다."

'하지만'이란 단어는 상대방과의 싸움을 불러온다.

"이 자동차 리턴할래요. 돈으로 돌려줘요. 자꾸 시동이 꺼진단 말이에요."

"시동이요? 그럴 리가 있나요?"

"아니, 타고 있는 고객 말을 못 믿는단 말이에요? 그럼 직접 타봐요. 어서 돈 돌려줘요."

"하지만 이미 한 달이나 탄 차라서 환불은 곤란하고 수리를 해드리죠."

"이미 두 번이나 수리했잖아요. 돈이나 돌려줘요."

"하지만 한 번 더 수리를……."

이러면 대판 싸움이 난다.

'하지만'처럼 쓰지 말아야 할 단어들이 더 있다. 만약 '그러나', '그래서', '어쩌라고', '나 원 참', '그게 아니라' 이런 단어들을 자주 사용한다면 빨리 말버릇을 바꾸자. 더 큰 사고가 나기 전에.

극단의 말은 삼가라

—

말은 소통의 수단이지 호통의 수단이 아니다. 극단적인 말을 해서 사태를 돌이킬 수 없는 지경으로 끌고 가면 안 된다. 사장이 사무실에 들어왔는데 한 친구가 창가에서 전화를 하고 있었다.

"아니, 자네는 지금 이 시간에 일 안 하고 왜 전화질이야? 자네 같은 직원은 필요 없어. 당장 그만둬. 여기 100만 원 있으니까 이거 받고 당장 나가!" 그러자 그 직원이 전화로 이렇게 말했다.

"응, 여보. 지금 피자 배달왔는데 여기 사장님이 나보고 당장 그만두래. 그러면서 100만 원을 주네. 여보, 나 오늘 땡잡았어."

이제 그 사장이 함부로 호통 치는 일은 없겠다.

각종 SNS에서 말싸움을 하다가 친구관계를 끊어버리는 일이 있다. 주로 정치적인 견해가 다를 때 벌어지는 일이다. 우리 사회가 아직도 이런 일로 말다툼을 하다가 험한 꼴 난다는 게 참 안타깝다. 가면을 쓰고 노래 경연을 하는 프로그램 〈복면가왕〉에서 있었던 일이다. 사회자 김성주가 김구라에게 묻는다.

"김구라 씨는 누구를 찍으셨어요?"

그러자 누구를 찍었다고 말하면 곤란해지는 상황에서 김구라는 이렇게 말한다.

"그러는 김성주 씨는 지난 대선에서 누굴 찍었어요?"

그러자 김성주가 "죄송합니다" 하고 꼬리를 내린다.

'막말 구라'라고 알고 있지만 내가 아는 김구라는 참으로 말을 잘하는 사람이다. 무명시절 인터넷에서 했던 막말이 문제가 되니까 김구라는 바로 잠정 은퇴를 선언했다. 그때 인천에서 막국수를 함께 먹으며 물어봤다.

"왜 그만한 일로 금방 은퇴를 선언했니?"

"형님, 지난번 호동이 형을 보니 은퇴가 하루 늦어지니까 복귀가 한 달 늦어지더라고요. 그래서 어차피 할 거 빨리 했습니다."

이 정도로 김구라는 위기 대처능력이 뛰어난 사람이다. 그러니까 우여곡절을 겪으면서도 여전히 인기를 얻고 있는 것이다. 막말 같아도 자세히 들어보면 그는 극단을 피하는 요령을 명쾌하게 알고 있다.

"그래, 여기서 끝내자!"라는 말은 절대 하면 안 된다. 상대방이 그렇게 말할 때는 "그래요. 오늘은 여기서 끝내고 내일 새 기분으로 다시 만납시다"라고 말하는 여유가 당신에게 있어야 한다. 인간이 말을 하는 궁극적인 목표는 파국이 아니라 타협이다.

잘못을 따지기보다 해결책을 찾아라

한 방송사의 시사 프로그램에서 본 내용이다. 돈으로 따질 수 없는, 수백억 가치의 유럽 골동품을 청주시에 기증한 사람이 있었다. 이분은 파독 광부로 가서 우연히 얻게 된 금괴를 팔아 수많은 유럽 골동품을 모았다. 이걸 청주시 어린이회관에 기증했는데 세월이 흐르면서 없어진 물건이 있더란다. 그걸 찾기 위해 사방팔방 다녀봤지만 어느 공무원 하나 자기 잘못을 인정하는 사람이 없었고 서로 책임을 떠넘기기 급급하더란다.

그 프로그램을 본 사람들이라면 절대로 기증은 안 할 것 같다. 기증자를 귀찮은 잡상인 취급하는 것을 봤다. 한번 기증했으면 그만이지 뭘 따지냐고……. 잘잘못을 따지고 찾아내서 처벌하는 것도 중요하다. 기증자의 뜻을 살리고 재발 방지를 위해서도 반드시 필요한 일이다.

리더라면 잘못을 따지기보다는 해결책을 찾는 게 우선이다. 잘못을 따지는 건 경찰이나 법원에서 할 일이고 리더는 앞으로 나갈 방향을 제시해줘야 한다.

"이제 남은 물건들이라도 잘 관리해야 하니까 해결책을 내보세요."

그런데 의외로 많은 CEO가 지난 잘못에만 매달린다. 과거는 바꿀 수 없지만 미래는 바꿀 수 있다. 리더만 제대로 바뀐다면 말이다.

"도대체 누가 이렇게 한 거야?"라고 말하는 대신에 "그럼, 지금부터 어떻게 해야 할지 말해보세요"라고 앞을 보게 해야 한다.

지적이 아닌 지도를 하라

왜 회사를 그만두었는가? 설문조사 결과 46%의 사람들이 회사가 자기 말을 무시하거나 말이 통하지 않아서 그만두었다고 답했다. 특히 리더와의 소통이 문제인데 최악의 리더가 바로 지적질형 리더다. 그들이 자주 사용하는 말은 그저 답답할 뿐이다.

"내가 이렇게 하지 말라고 몇 번을 말했지?"

"그거 봐. 내가 그렇게 하면 문제가 생긴다고 했잖아."

"왜 나한테 보고하지 않은 거야? 바로바로 보고하라고 골백번 말했잖아."

"이렇게 하면 네가 나중에 거지밖에 더 되겠니? 네 아이들도 널 닮을걸."

누구나 실수를 한다. 나도 그렇다. 강의를 하면서 중간 중간 실수를 한다. 말도 틀린다. 스피치 교육인데 발음이 틀리기도 한다. 그런데 누군가 옆에서 계속 지적질을 한다면 나는 위축이 되어 더욱더 실수를 연발할 것이다. 그런데 그 지적질쟁이가 내 회사의 사장이라면, 부장이라면, 팀장이라면, 마누라라면, 남편이라면 그야말로 미쳐버릴 것이다. 회사를 당장 때려치우고 싶고 당장 이혼하고 싶을 것이다. 이제라도 리더들은 지적이 아니라 지도를 해야 한다. 지적질 하는 해설자가 아니라 잘잘못을 고쳐줄 지도자가 되어야 한다. 만약 잘못 만든 기획안을 들고 온 부하 직원에게 뭐라고 말할 것인가?

"초등학생이야? 이것밖에 못해? 그러고도 밥이 넘어 가나? 못하면 못한다고 처음부터 말을 했어야지!"라고 말하기보다는,

"내가 자세히 설명을 안 해줘서 완성을 못 했구먼. 미안해"라고 말하는 게 좋다.

"진작 파워포인트 작성법을 배웠어야지. 남들 공부할 때 놀았어?"라고 말하기보다는,

"파워포인트 작업이 익숙지 않구먼. 몇 번 해보면 금방 익힐 수 있어. 모르면 나한테 물어봐"라고 말하는 게 어떨까?

다시는 안 볼 직원이 아니라면 가르쳐 가면서 데리고 가야 진정한 지도자다. 리더는 '네가 더 하라'고 해서 리더다. 지적질보다 지도를 더 해주라. 직원들도 이전보다 더 잘 화답할 것이다.

질문으로 응답하라

가끔 말문이 막힐 때가 있다. 순간적으로 대답이 떠오르지 않는 질문을 받았을 때는 어떻게 해야 할까? 질문은 질문으로 응답하는 게 최선이다.

"내년에는 월급을 얼마나 올려주실 건가요?"
"글쎄……"라고 말하기보다는 상대방에게 대답을 구해보자.
"자네는 얼마쯤 올려줬으면 좋겠다고 생각하나?"
그 대답을 듣고 나면 어떻게 대처할지가 생각난다.
"그 정도는 나도 생각하고 있었네." 혹은 "음, 그렇게는 힘들겠어. 그렇게 받을 수 있는 곳을 찾아보는 게 좋을 것 같구먼."
서로의 생각이 안 맞는데 같이 일할 수는 없는 노릇이다.
"앞으로 우리나라에서도 원전 사고가 발생할 것이라고 보시나요? 그렇다면 우리 회사가 발전소 옆에 지점을 짓고 있는 것에 대해서는 어떻게 생각하세요?"
"음, 자네가 원전에 대해서 아는 게 많은 것 같군. 자네 생각은 어떤가?"

이렇게 다시 질문을 하고 상대방의 답변을 들으며 내가 할 말을 정리하면 된다. 질문은 질문으로 응답하라.

또한 질문이 좋은 때가 있다.
"입구에 있는 화분이 다 말라비틀어졌구먼. 물 좀 줘"라고 말하면 물을 주는 사람이 기분 좋게 물을 줄 수가 없다.
"입구에 저 화분 있잖아. 마지막으로 물 준 게 언제지?"

이 정도만 해도 알아들을 사람은 다 알아듣는다. 그래도 못 알아듣고 물을 안 주면 직접 줘라. 그걸 보고도 물을 안 주면 그런 직원은 잘라버려라. 회사가 시들어 죽어버리기 전에.
"내일이 경쟁사랑 피티가 있는 날이야. 준비 철저히 해!"
누구나 이런 지시와 명령을 받으면 준비를 하고 싶다가도 영 하기 싫어진다. 어릴 때 누구나 겪은 일이다. 막 청소하려고 하면 엄마가 꼭 "청소해라" 그래서 청소하기 싫어지고, 공부하려고 하면 "공부해라" 그래서 공부하기 싫어진다. 그래서 내가 공부를 못한 거다. 이럴 때도 질문형으로 상황을 파악하고 챙기는 것이 좋다.
"내일 경쟁사랑 피티가 있는 날이네. 준비는 어디까지 했나요?"

자신 있게 말하라

성공한 CEO는 남들에게 여유 있고 자신감 넘치는 모습으로 존경을 받는다. 그러나 솔직히 말해서 그렇게 보일 뿐이다. 리더들 중에도 상당수가 시시때때로 자신감을 잃어버려 방황할 때가 많다. 이럴 때는 스스로 주문을 외워라.

"두 눈을 크게 뜨고, 어깨를 활짝 펴고, 크게 한번 웃어보자. 으하하하."

무슨 노래 가사 같은데 이것이 바로 나에게 자신감을 심어주는 주문이다. '튼튼한 몸에 건강한 정신'이란 말이 있듯이 몸을 바꾸면 자신감이 생긴다.

나의 아들 새벽이는 골프를 한다. 고등학교 경기 때 아들의 성적이 나쁘면 걸어갈 때 눈을 내리깔고 어깨가 처져서 걷는다. 성적이 좋으면 어깨를 당당히 펴고 발걸음도 가볍다. 그래서 하나만 주문했다.

"아들아, 걸음걸이를 바꿔라. 보기나 더블을 할 때 오히려 당당하게 걸어라."

그러니까 성적이 더 좋아지더라.

나도 골프장에 가면 이렇게 한다.

티박스 앞에 연못이 있을 때 예전에는 "공이 빠지면 어떻게 하지……" 전전긍긍하면 정말 빠진다. 파 쓰리 홀에서 앞뒤로 사람들이 지켜보면 더 주눅이 들어서 헤저드에 빠지곤 했다. 그런데 지난번 대학동창골프대회에서 파 쓰리 홀에서 빙그레 미소를 짓고 홀에 붙이는 상상을 하며

165m 거리에서 4번으로 공을 쳤는데 공이 깃대 30cm에 붙더라. 홀인원을 안 해서 더욱 좋더라.

자신감이 떨어지면 이 주문을 외워보시라.

"두 눈을 크게 뜨고, 어깨를 활짝 펴고, 크게 한번 웃어보자. 으하하하."

끊어야 할 때는 과감하게 끊어라

—

강의를 맡긴 회사나 단체에서 오고갈 자동차를 보내줄 때가 있다. 대부분의 기사들은 친절하게도 말을 안 건다. 내가 쉴 수 있도록. 그런데 가끔 호의로 던지는 질문을 시작으로 말이 끊어지지 않는 기사가 있다. 이럴 때는 가벼운 거짓말이 좋다.

"다음 휴게소에서 잠시 쉬었다가 가주세요. 피로회복제라도 사 먹어야 할 것 같네요. 뭐 드실지 말씀해주세요. 사다 드릴게요."

피곤하지 않아도 이렇게 말하면 대부분 알아듣는다. 식사 후에 말이 끊어지지 않는 자리라면 이렇게 살짝 거짓말을 한다.

"대화가 재미있어서 시간 가는 줄 몰랐네요. 다음 약속을 위해 지금 출발해야겠어요. 다음번에 기회가 된다면 마저 이야기를 듣고 싶네요."

간혹 비행기나 기차의 옆 사람과 이야기를 하다가도 끊고 싶을 때가 있다. 이럴 때는 화제를 바꾸는 방법이 좋다.

"그런데 다음 역이 어디죠?"

"잠시 화장실에 좀……."

"그렇군요. 대화가 참 유익했습니다."

이런 정도는 뭐 별 문제가 없지만 진짜로 끊어야 하는데 끊지 못하는 경우가 있다. 전화가 더더욱 그렇다.

"여보세요? 여보세요? 어, 잘 안 들리네……."

이러면서 끊으면 안 된다. 연기가 어설프면 탄로 나기 때문에.

이럴 때는 마무리 멘트를 사용하라. 지금까지의 이야기를 정리해서 결론 내리는 것이다.

"그러니까 다음에 동창모임을 광화문에서 하자는 거구나. 알았어. 나도 메모해 놓을게. 네가 수고가 많다. 그럼 다음에 또 통화하자."

정말로 끊어야 하는데 정말로 힘든 상황이 있다. 직원을 그만두게 할 때다. 웹툰 원작에서 드라마로도 만들어진 〈송곳〉을 보았나? 여기 보면 일부러 직원들을 괴롭혀서 그만두게 하는 직장 이야기가 나온다. 참 안타깝기도 하고 화가 나기도 한다. 돈 몇 푼에 사람을 그렇게 취급하다니……. 그런 회사는 정말 망해야 한다. 극단적인 말을 하지 말라고 방금 전에 가르쳤지만 화가 나는 건 어쩔 수 없다. 사람을 귀하게 여기지 않는 회사는 망해야 한다는 게 내 지론이다. 그러나 정말 직원이 회사와 맞지 않는다면? 솔직히 말해주는 게 좋다.

"우리 인연은 여기까지인 것 같습니다."

그래도 진정한 리더라면 자기 직원들을 끝까지 챙겨야 한다. 부하를 전쟁터에 두고 오는 지휘관은 지휘관이 아니고, 침몰하는 배를 두고 떠나는 선장은 선장이 아니다. 그래도 끝내야 한다면 깨끗하게 끝내는 것이 좋다. 그래야 평판이 좋다.

그 회사, 그 조직을 가장 잘 판단해줄 사람은 이미 그곳을 떠난 사람이다. 만날 때보다 더 중요한 순간은 떠날 때라는 걸 명심하기를……

신상훈의 핵심톡킹 15

1. 부정적으로 말하지 마라.
2. '하지만'이라는 핑계는 대지 마라.
3. 극단의 말은 삼가라.
4. 잘못을 따지기보다 해결책을 찾아라.
5. 지적이 아닌 지도를 하라.
6. 질문으로 응답하라.
7. 자신감을 되찾아라.
8. 끊어야 할 때는 끊어줘라.

PART 4

—

열에 아홉,
직장인이 궁금해하는
5가지 질문

TALK 16

마이크 잡는 걸
두려워하지 마라

가장 떨리고 긴장되는 순간은 언제일까?

무대에 서서 마이크를 잡았을 때라고 한다. 물론 뻥이다. 그래도 순간적으로 믿은 사람이 많았을 것이다. 그 정도로 남들 앞에서 말을 한다는 건 공포, 그 자체다. 그런데 나보고 새 상품 출시를 위한 프레젠테이션을 하라고? 사례 발표도 하라고? 아니 신입사원을 대상으로 강의를 하라고?

이게 현실이 아니라 꿈이길……, 스스로 뺨을 꼬집은 적은 없나?

이제는 뺨을 꼬집지 말고 옆 사람을 꼬집으라. "야, 네가 해."

그러나 정 피할 수 없다면 꼭 즐겨라. PT와 강의에 소질이 있다면 당신의 연봉이 최소 10배가 뛴다는 사실을 잊지 마라. 몸값을 올리는 가장 빠른 방법은 바로 말하기 기술을 습득하는 것이다.

나의 삶은 'TED'라는 단어를 알기 전과 알고 난 뒤로 나뉘게 된다.

우선 TED가 뭔지 모르는 분들은 검색해서 강의 하나쯤 보고 오시라. 보고 왔나? 혹시 곰인형이 나오는 19금 〈테드〉 영화를 보고 온 건 아니길…….

TED Technology, Entertainment, Design는 미국의 비영리 재단에서 운영하는 강연회를 말한다. 정기적으로 기술, 오락, 디자인 등과 관련된 강연회를 개최하는 데 입장료가 엄청 비싸다. 700만 원쯤 하는 걸로 알고 있다. 테드의 모토는 '알릴 가치가 있는 아이디어Ideas worth spreading'이다. 다행히 동영상으로 보는 건 공짜다. 게다가 자원봉사자들의 노력으로 자막까지 볼 수 있으니 얼마나 좋은 기회인가? 초대되는 강연자들은 각 분야의 최고봉이다. 그중에는 빌 클린턴, 앨 고어 등 유명 인사와 노벨상 수상자들도 많다.

우리나라에도 비슷한 강연회가 많이 있다. 삼성에서 하는 SERI CEO는 경영자들을 대상으로 하는데 연 회비가 100만 원이 넘는다. 거기에 나랑 비슷한 사람이 강의를 하더라. 제목이 "유머로 유혹하라"든가……. 사실 작가생활을 하다가 우연한 기회에 이런 전화를 받았다.

"저, 여기 삼성 SERI CEO인데요. 강연 좀 해주세요. 동영상 강의예요."

인터넷으로 보는 동영상은 전부 이상한 것이라 생각해서 단호하게 '노'를 했다. 그랬더니 담당자가 직접 찾아와서 꼭 하시라고, 남들은 못해서 안달이라고, 무조건 잘되실 거라고 나를 꼬였다. 그렇게 동영상 강의란 걸 시작하게 됐다. 그래서 TED도 알게 됐고, 이후 사이버대학원도 다녔다. 그러다가 한양대 사이버 대학원에서 '전략적 스피치론' 강의도 하게 됐다. 첫발을 어떻게 내딛느냐가 정말 중요하다. 지금은 온라인 스피치 학원 '톡킹스피치'를 운영하고 있으니 돌아보면 세상은 자신이 관심을 갖는 방향으로 흘러가게 되어 있더라.

당신도 마이크 잡는 걸 두려워하지 말고 도전해보라. 마이크 잡고 말하는 사람들이 전화기 잡고 말하는 사람보다 10배는 더 벌 것이다. 그런데 왜 많은 사람들이 마이크를 잡지 못할까? 바로 공포 때문이다. 마이크 공포증 혹은 무대 공포증이라고 말하는 떨림. 오늘은 이것을 극복해보자. 우선 공포증이 뭔지 그 정의를 살펴보자.

공포증 phobia

특정 대상이나 상황에 대해 국한되어 발생하는 공포를 특징으로 한다. 이러한 공포는 지나치거나 비합리적이고, 지속적인 두려움으로 나타난다. 자신이 무서워하는 대상이나 상황을 최대한 피하려 하며, 피할 수 없는 상황이 되면 두려움이 유발된다. 공포 자극에 노출되면 예외 없이 즉각적인 불안 반응이 유발되며, 심하면 공황발작의 양상으로 나타날 수 있다.

_ 출처 : 네이버 지식백과

이 공포증이 심해지면 공황장애, 불안장애, 우울장애로 이어진다. 마이크 잡는 게 직업인 김구라나 정형돈이 공황장애를 앓고 있다는 건 정말 아이러니한 사실이다. 그러니 당신에게 무대 공포증이 있더라도 그게 뭐 큰 문제는 아니라 이거다. 공포증을 치료하는 최선의 방법은 문제를 문제로 안 보는 데서 출발한다. 이런 말도 있지 않은가.

"대충 뭐 그 까이 꺼……."

초등학교 6학년 때 어린이대공원으로 소풍을 갔다. 그때 청룡열차를 탔는데 정말 죽는 줄 알았다. 내리자마자 다시는 저 괴물을 안 탄다고 다짐을 했지만 여자 짝꿍이 다시 타자는 거다. 미쳤는가? 여자 말을 듣게? 그렇지만 탔다. 왜? 난 여자 말을 잘 듣는 사람이니까. 솔직히 말해서 무섭다는 말을 할 수가 없었다. 옆에 탄 여자 친구가 이런 말을 했다.

"상훈아, 무서워? 그러면 날아간다고 생각해봐."

그래서 슈퍼맨처럼 날아간다고 생각을 했다. 그랬더니, 그랬더니…… 정말 신나더라.

전에는 아래로 떨어질 때 안 떨어지려고 뒤로 몸을 뺐는데 이제는 날아간다고 생각하니까 앞으로 몸을 기울였다. 그랬더니 너무 재미나는 게 아닌가. 그 후로 전국의 롤러코스터는 전부 다 타러 다녔다. 미국서도 식스플래그마운틴을 비롯해 수많은 테마파크의 롤러코스터를 다 섭렵했다. 그 친구의 말 한마디가 나를 바꿔놓은 것이다.

공포심을 극복하는 것은 그 공포에서 벗어나려고, 도망치는 게 아니라 맞서서 즐기는 것이다. 이것이 내 해답이다.

무대 공포를 극복하는 이런저런 처방들이 많이 있다. 그러나 가장 확실한 방법은 일단 무대에 서는 것이다. 무대에 많이 서라. 마이크 공포를 사라지게 하는 방법은 마이크를 잡아라. 많이 잡아라. 처음부터 사라지지는 않는다. 그렇지만 점차 사라지게 된다.

예를 들어서 고양이를 극도로 무서워하는 사람을 치료하는 방법은 고양이와 친해지는 것이다. 처음에는 귀여운 고양이 사진을 보여주고 다음에는 고양이 인형을 만지게 한다. 그다음에는 고양이를 우리에 가둬놓고 보게 하다가 점점 더 가까이 다가가게 한다. 우리 안에 있는 고양이에게 먹이를 주도록 한다. 그러다가 우리 밖으로 고양이를 내놓고 조금씩 다가서게 하는 것이다. 무대 공포증도 이런 방법으로 치료하는 것이다. 아무도 없는, 그러나 앞으로 서게 될 무대면 더욱 좋다. 그곳에 자주 서라.

아무도 없을 때 혼자 올라가 자신이 하고 싶은 걸 해봐라. 마이크도 잡아봐라. 아무 말이나 해보고, 누군가에게 전화를 걸어도 좋다. 그러다가 객석에 친한 친구 한 명만 앉도록 해라. 그러다가 두 명이 되고 세 명이 되고……. 연습할 무대가 없다면 좋은 장비를 활용하라. 바로 스마트폰이다. 마이크처럼 잡고 녹음을 하면서 말을 해보라. 그걸 본인이 들으면서 다시 느껴봐라.

"아……, 이렇게 남들이 내 목소리를 듣는구나."

남의 입장이 되어보면 본인 스스로 고칠 점을 알게 된다. 이번엔 스마트폰의 녹화기능을 활용하라. 자기가 말하는 걸 찍어보는 거다. 이렇게 좋은 장비를 손에 들고 다니면서 왜 활용을 못하는가?

꼭 찍어보라. 그런데 이렇게 말해줘도 10명 중 2명만 실천을 한다. 80대 20의 법칙은 여기에도 적용이 된다. 점점 90대 10의 법칙으로 변하고 있다. 실천하는 사람은 줄고, 방관하는 사람은 늘고……, 그래서 빈익빈 부익부의 문제점은 더욱 심각해지는 것이다.

10%가 90%의 부를 차지하는 시대가 이미 도달했다. 그러니 꼭 실천해보라. 그래도 떨린다면 진동으로 되어 있는 스마트폰에 전화가 왔다. 받아봐라.

"여보, 지금 회사 강당에서 발표 연습 중이야. 잘되고 있어요, 염려 마요. 돈 워리 비 해피! 하하하……."

> **신상훈의 핵심톡킹 16**
>
> **무대 공포증을 즐겨라**
> 공포심을 극복하는 것은 공포에서 벗어나려고 도망치는 게 아니다. 맞서서 즐기는 것이다. 일단 무대에 많이 서라. 마이크를 잡는 공포를 사라지게 하는 방법은 마이크를 많이 잡는 것이다.

TALK 17

5분 스피치, '준비하자!'

세상에서 가장 긴 다리는? 롱다리, 가장 짧은 다리는 숏다리. 그러면 가장 짧은 다리인데 길다고 우기는 다리는? 장롱다리.

이걸 듣고 웃었다면 연식이 좀 되신 분들이다. 젊은 친구들은 안 웃는다. 왜냐하면 장롱이 뭔지 모르니까. 요즘은 전부 붙박이장을 쓰지 누가 장롱을 사는가. 그럼 아주 야한 옷장은 뭔지 아는가? 정답은 비키니 옷장.

이런, 젊은 친구들은 비키니 옷장도 모르겠구나. 예전에는 자취방에 하나씩은 다 있던 가구였는데……. 그래도 나이가 들었든지 적든지 모두가 알고 있는 사실이 하나 있다. 스피치가 점점 중요해진다는 사실, 이제는 공무원 시험에도 5분 스피치가 추가됐다.

5분 스피치에 대한 대비를 해야 한다.

"저기요, 저는 공무원 시험 안 볼 건데요."

답답한 소리 하지 마시라. 5분 스피치는 공무원 취업용만이 아니다. 당신이 앞으로 하게 될 자기소개, PT 발표, 사업설명회, 회의 진행 등 모든 발표는 5분 스피치를 준비하면서 시작된다.

공무원 시험에 5분 스피치를 도입한 이유
공직 가치에 대한 이해
의사발표의 정확성

공무원 시험에 5분 스피치를 도입한 이유는 공직 가치에 대한 이해와 의사발표의 정확성, 논리성을 종합적으로 평가하기 위해서다. 그래서 스피치의 주제는 헌법가치, 올바른 공직자상, 공정성, 봉사, 헌신, 청렴 등 국가관, 공직관, 윤리관에 초점이 맞춰질 것으로 보인다.

스피치를 위한 주제
헌법가치, 올바른 공직자상, 공정성, 봉사, 헌신, 청렴

앞으로 공무원 시험을 보실 분이라면 다음 단어에 관심을 집중해야 한다. 국가, 윤리, 공직자, 공정성, 봉사, 헌신, 청렴 등 그런데 왜 길이가 5분일까? 당신이 마트에 가면 시식코너를 들르게 되어 있다. 누구나 들르는 곳이다. 만두 한 팩을 다 먹어봐야 맛을 아는가? 요구르트 한 통을

들이켜야 맛을 아는가? 샘플만 먹어봐도 알 수 있다. 마찬가지로 5분만 들어봐도 그 사람의 스피치 실력에 대한 모든 것을 알 수 있기 때문이다.

그럼 1분이나 3분만 해도 되는데 왜 5분이냐고?

1분 자기소개나 3분 스피치를 요구하는 곳도 있다. 사실은 이게 더 어렵다. 짧으면 짧을수록 준비는 길어진다. A4 한 장짜리 반성문은 10분이면 쓰지만, 두 줄짜리 표어는 하루 온종일 생각해도 생각이 날까 말까 하지 않는가. 그런데 공무원시험에서 5분 스피치는 주제를 주고 10분의 준비시간을 준다니까 얼마나 힘들겠는가. 그러나 방법은 있다.

준, 비, 하, 자.

준! 비! 하! 자!

• 준 : 준비는 평소에

5분 스피치를 위한 준비시간이 10분이라고? 10분 만에 어떻게 준비하냐고? 당연히 못한다. 그러나 가능할 수는 있다. 말하기는 평소에 준비해야 하기 때문에 평소에 준비하면 아무 문제가 없다.

KBS에서 대학생 코미디 작가를 선발했는데 그걸 홍보하는 포스터가 학교게시판에 붙어 있었다. 나는 그걸 보자마자 뗐다. 다른 사람 못 보게 하려고. 그런데 800명이 몰려왔더라. 뽑는 건 딱 두 명. 과연 내가 두 명 안에 들었을까?

정답은 땡, 떨어졌다. 아깝게도 3등으로 떨어졌다. 그런데 방송국 피디가 너무 많은 사람이 와서 한 명 더 뽑기로 했다고 하면서 나를 뽑아준 것이다. 이 자리를 빌어 강인식 피디님께 감사를 드린다.

그런데 800명 중에 어떤 방식으로 작가를 뽑았을까? 나는 그 기준에 대한 의문을 가지고 나름의 준비를 했다. 과연 어떤 방법일까? 과거에는 어떻게 뽑았지? 그런데 이번이 1회니까 참고할 만한 과거는 없고……. 과거? 과거? 아, 그 옛날 과거시험은 어떻게 장원급제를 뽑았지?

시험 당일에 시제를 주고 즉석에서 먹을 갈아 종이에 적어 내도록 하니까 코미디 작가 시험도 이런 식으로 선발할 것 같은 느낌이 들었다. 그래서 그 당시 회자되는 키워드 20개를 뽑아서 준비를 했다. 아니나 다를까 다섯 단어를 주고 그걸 연결해서 글을 쓰라는 문제가 나왔더라. 그런데 다섯 단어 중에 네 단어가 내가 준비한 20개 중에 있었다. 컵라면을 앞에 두고 젓가락을 쥔 자와 안 쥔 자의 태도는 다르다. 난 느긋하게 글을 써냈고 합격할 수 있었다.

그에 비하면 공무원 5분 스피치는 얼마나 쉬운가. 주제어를 미리 알려 줬으니까. 국가관, 공직관, 윤리관이란 세 단어에 맞는 내용을 미리 준비만 하면 되는 것이다. 그것도 평소에.

• 비 : 비율을 맞춰서

밥상을 차려보라. 밥만 덩그러니 있다고 밥상이라 할 수 있는가? 밥맛이 나든가? 반찬도 있어야 하고 국도 있어야 한다. 이처럼 5분 스피치도 적당한 비율을 맞춰서 준비해야 한다. 스피치의 구성의 3요소는 서론, 본론, 결론이다.

서론을 20% 본론을 60% 결론을 20%로 하는 것이 좋다. 이걸 시간으로 바꿔보자. 서론 1분, 본론 3분, 결론 1분이다.

그런데 보통 사람들이 저지르는 실수를 보면 서론이 길다. 길면 지루해진다. 그걸 예방하려면 서론 만드는 방법을 준비해야 한다.

먼저 질문형을 예로 들어보자.

"작년 한 해 동안 음주운전을 하다가 적발된 공무원의 숫자가 몇 명인지 아십니까? 한 명도 없습니다. 왜냐하면 처음엔 전부 공무원이란 걸 숨겼기 때문입니다."

이렇게 질문으로 시작하면 듣는 사람의 관심을 촉발시켜 주의력을 높여준다. 그리고 적당한 길이를 유지할 수 있어서 서론에서 길어지는 문제를 예방할 수 있다. 처음을 부드럽게 시작하면 본론이나 결론도 떨지 않고 자연스럽게 이어갈 수 있다. 시작이 반이다. 5분 스피치에서는 처음 1분의 서론이 모든 걸 좌우한다.

- **하 : 하나로 집중해서**

5분이란 시간이 어느 정도 길이인지 감이 오는가? 한번 느껴보시라. 잠시 지금 보는 강의를 멈추고 다음 주제로 5분 스피치를 해보라. 5분쯤 됐다고 느낄 때 시계를 한번 보라. 주제는 '가장 기억에 남는 공무원과 그 이유는?' 자, 시계 준비하시고……. 5분 스피치 시작!

테스트

• 가장 기억에 남는 사람과 그 이유는?

어떤가? 5분이 넘었나? 모자랐나? 5분 스피치라고 해서 딱 5분에 맞출 필요는 없다. 딱 4분만 넘기면 된다. 5분을 넘으면 길고 지루한 느낌을 준다. 당신이 만약 4분도 못 채우고 말문이 막혔다면 주제에 맞는 적당한 사례가 부족했기 때문이다. 그 원인은 평소에 책을 많이 안 봤든가 다른 사람과 대화가 부족하기 때문이다. 다양한 사례는 5분 스피치를 풍성하게 만드는 요소인데 이것은 하루 이틀 공부한다고 되는 게 아니라 평소 다양한 교양을 쌓아야 가능한 것이다.

지금이라도 준비를 하려면 주제에 맞는 에피소드를 인터넷에서 찾아 외우는 방법밖에 없다. 준비할 시간이 충분한 사람은 책, 잡지, 신문 등을 보면서 구체적 사례나 좋은 예화를 꼭 메모해놓기 바란다.

만약 당신이 5분을 넘게 스피치를 했다면 일단 박수쳐드린다. 잘했다.

그런데 모자란 것보다 넘치는 게 더 고치기 힘들다는 걸 아는가? 나도 개그맨 시험에 심사위원으로 들어가 보면 짧은 건 용서가 돼도 긴 건 화가 난다. 당신이 길게 말했다는 건 할 말이 많아서가 아니라 주제에 집중하지 못했기 때문이다.

명심하라. 하나로 집중하라. 주제도 하나, 사례도 하나, 결론도 하나로 해야 한다.

영화 〈주유소 습격사건〉에 나온 명대사가 있다.
"난 열 명이든 백 명이든 한 놈만 패. 한 놈만."
한 가지 주제만 말하라. 딱 한 가지 주제만.
하나로 집중하고 축약하는 법을 연습해야 한다.
이제 다음 주제 중 하나를 선택해서 5분 스피치를 해보라.

테스트

- 공무원에게 청렴이 요구되는 까닭은?
- 내가 했던 봉사활동은?
- 존경받는 공직자에게 필요한 요소는?

막상 해보니까 막막할 것이다. 그렇다고 좌절은 금지어다. 끊임없이 연습하면 5분 스피치는 오븐에 빵 구워 먹듯이 쉬워질 테니까.

- **자 : 자연스럽게**

이경규의 유행어가 떠오른다.
"자연스럽게……." 가을 다음엔 겨울이고 그다음은 봄이 온다. 아침 다음엔 낮이고 다시 저녁이 왔다가 밤이 오고……. 이게 바로 자연스러운 것이다. 물 흐르듯 말하라는 말도 있지 않은가. 자연스럽게 말하라 이것이다. 자연을 거스르면 이상해지고 탈이 난다. 5분 스피치도 자연스럽지 못해서 탈이 나는 것이다.

  당신이 가장 자연스럽게 말할 때가 언제인지, 누구와 말할 때인지, 어떤 주제를 말할 때인지 생각해보라. 바로 익숙한 것과 함께할 때 가장 자연스러운 것이다. 5분 스피치가 부담스러운 이유는 당신이 많이 안 해봤기 때문이고 남 앞에 서는 것이 익숙하지 않아서 떨리는 것이다. 그러니 많이 해보는 게 해법이다. 자, 많이 연습하자.

신상훈의 핵심톡킹 17

5분 스피치, '준비하자!'
준 : 준비는 평소에
비 : 비율을 맞춰서
하 : 하나로 집중해서
자 : 자연스럽게

TALK 18

취업 면접, '왜'를 잡아라

모 전자회사 면접장.

5명이 한 조가 되어 임원들 앞에서 면접을 보고 있다. 이런저런 질문이 끝나갈 때쯤 말이 없던 한 상무가 입을 열었다.

"만약 당신이 밤길을 걷고 있는데 괴한이 달려들어 뒤통수를 몽둥이로 가격했다고 합시다. 공교롭게도 그 폭력으로 인해 당신이 잃어버렸던 한쪽 눈의 시력을 찾게 되었다면 당신은 그 범인을 당장 경찰서로 끌고 가겠습니까? 아니면 고맙다고 사례를 하고 풀어주시겠습니까?" 5명의 구직자들은 각자 자기의 의견을 내놓았다.

"아무리 내 병을 고쳐줬더라도 강도는 강도니까 경찰서로 끌고 가야 합니다."

"죄를 지었으면 벌을 받아야 합니다."

"당연히 죄값을 치러야죠. 그리고 나중에 보상을 해줘야 합니다."

대부분의 사람들이 경찰서로 끌고 가야 한다는 주장을 했다.

그런데 마지막에 있던 구직자만 유일하게 이렇게 답했다.

"저는 시력이 안 좋아서 눈에 대한 고마움을 잘 알고 있습니다. 그런데 한쪽 눈을 뜨게 해줬다면 은인 아닙니까? 당연히 사례를 하고 그냥 풀어줘야죠."

결과는 마지막 청년을 제외하고 모두 탈락했다.

이 청년은 지금 다른 전자회사로 가서 부사장을 하고 있다.

지금도 면접 때면 자신이 받았던 그 질문을 한다고 한다.

내 친구라서 직접 물어봤다. 그 질문의 답이 뭐냐고.

그 친구가 하는 말은 이랬다.

"답이 어디 있겠니. 그냥 그 사람이 어떤 성향인지 알아보는 거지. 과정을 중시하는 사람인지 결과를 중시하는 사람인지. 그 회사가 무엇을 더 중요하게 생각하는지 미리 공부했다면 어떻게 대답할지가 결정되겠지."

취업이 힘든 세상이 됐다. 힘든 취업에 면접이 중요한 세상이 됐다.

취업을 위해 스펙 쌓고 알바 하고 이미지트레이닝이다 스피치다 배우고 또 배우러 다니느라 바쁘다. 그러나 정작 중요한 것은 겉모습이 아니라 중심이다. 말을 어떻게 하느냐가 중요한 게 아니라 어떤 말을 하느냐가 당락을 좌우한다는 말이다.

말솜씨를 좋게 하려면 글솜씨도 쌓아야 하고, 인성도 고쳐야 하고, 태도나 버릇도 손봐야 한다. 가장 좋은 방법은 다시 태어나는 거다. 그럴 수는 없으니까 최단 기간에 당신의 말을 취업에 적합하도록 바꾸는 방법은 딱 하나다.

그것은 바로……, 그게 뭐냐 하면……, 그게 뭘까?

당신은 내가 떠먹여주기를 기다렸다. 그러지 말고 본인 스스로 '왜'라는 질문을 해야 한다. 그것이 말솜씨를 높이는 유일한 방법이다. '왜'라는 질문에서 모든 말이 시작된다.

왜 말을 잘해야 하지?
왜 난 면접을 잘 봐야 하지?
왜 난 일을 해야 하지?

사실 더 근본적인 '왜'라는 질문을 해야 한다. '왜 난 태어났지?'

이 질문에 답을 찾았다면 다른 고민은 자연스레 해소가 된다. 내가 태어나고 싶었나? 그냥 '아빠의 참을 수 없는 욕정과 엄마의 나약한 반항 때문에 내가 생긴 거지'라고 생각할 수도 있겠지만 근본적인 고찰이 없이는 나도 없다.

모든 철학의 시작이 여기다. 그렇다고 이 시간에 이 부분부터 배우자고 하면 이 강의가 무지 길어진다. 말이 길어지는 건 누구나 싫어한다. 안 그래도 면접이 코앞으로 다가왔는데 그럴 수도 없고……. 그래서 이런 고민은 각자 하기로 하고 우리는 여기서부터 출발하기로 한다.

'왜 말을 잘 해야 하지?'

원시시대는 말이 필요 없었다. 돌도끼와 강인한 근육만 있으면 먹고 사는 데 지장이 없었다. 그러다가 말과 글 즉 언어라는 게 생기면서 자신의 뜻을 전달하는 수단을 쓰기 시작했다. 봉건사회에서는 말 안 해도 다 알았다. 어느 집안에 누가 어떤 놈이란 것을.

"아랫마을 동길이는 애가 아주 글러먹었어. 싸가지가 바가지야."

"윗마을 이쁜이는 얼굴만 이쁜 게 아니라 맘도 좋아요."

서로 누가 누군지 다 아는데 무슨 말이 굳이 더 필요하겠는가.

그러다가 근대사회로 접어들면서 복잡한 사회에서 사람을 평가하는 기준이 생겼다.

"뉘 집 자식이야? 성이 뭐야? 어느 학교 나왔어? 직업이 뭔데?"

자신을 둘러싼 것들로 자신이 평가되는 시대가 되었다.

그러나 현대사회에서는 내 포장이 중요한 게 아니라 내 표현력이 중요한 시대가 되었다. 얼마나 많이 아느냐가 중요한 게 아니라 얼마나 잘 표현하느냐가 중요한 시대가 되었다. 예를 들어볼까?

예전엔 묵묵히 사람만 잘 치료해주면 '화타'라고 소문이 나서 명의 소리를 들었다. 요즘은 방송에 나와 말 잘하는 의사가 명의인 줄 안다.

주방에서 칼만 잘 쓰고 맛만 잘 내면 좋은 요리사였다. 이제는 방송에서 입담이 좋아야 그의 식당에 손님들이 몰려든다. 솔직히 말해서 백주부의 음식이 최고는 아니지 않는가. 솔직히 말해서 빅마마의 음식 맛이 최고는 아니지 않는가. 그러나 그들의 말솜씨가 우리의 입을 딱 벌어지게 하고 음식까지도 최고라 여기게 되었다.

당신이 아무리 똑똑하고 잘나도 말을 잘하지 못하면 알아주는 사람이 없다. 얼짱, 몸짱, 배짱 다 소용없다. 말짱이 최고다. 안 그러면 말짱 꽝이다.

왜 난 면접을 잘 봐야 하지? 스펙이 중요하던 시절이 있었다. '있었다'라고 과거형을 썼으니 주목하기 바란다. 이제 스펙은 개나 줘버리기 바란다. 미안하다. 개무시하는 게 아니라 그만큼 스펙에 목매지 말라는 뜻이다. 〈미생〉이란 드라마에서 장그래는 스펙이 무지 딸리던 친구였다. 그러나 그의 말투 하나하나를 분석해보면, 물론 작가가 써준 거지만, 끝내주는 한마디 한마디다. 모두 가슴에 팍팍 박히는 명언이다.

"끝이 정해진 길, 그래도 아직 1년이나 남았잖아. 같이 걸을 수 있는 길."

비정규직의 서러움을 긍정의 힘으로 극복한 장그래가 이 대사를 하고 난 뒤에 더 힘차게 정규직 사원들에게 인사를 한다.

"안녕하세요!"

수출 화물을 싣고 인도양으로 가던 배가 홍콩 근처에서 그만 구멍이 났다는 응급상황을 듣고 모두 다 우왕좌왕할 때 장그래는 이렇게 말했다.

"배에 구멍이 났으면 때우면 되지 않나요?"

찔러도 피 한 방울 나올 것 같지 않던 강 대리를 웃게 만든 명대사다.

"정답은 모르지만 해답을 아는 사람이 있어요. 장그래 씨처럼요."

회사는 이제 판에 박힌 정답만 아는 사람보다 답답한 시대에 뻥 뚫어줄 해답을 찾아줄 해결사 직원, 바로 당신을 요구하고 있다.

그걸 보여줄 시간이 곧 면접 타임이다. 그래서 당신은 면접을 잘 봐야 한다. 왜 난 일을 해야 하지? 이런 근본적인 질문에 답이 없기 때문에 사람들은 낙방을 한다. 일을 왜 하냐고 물어보면 뻔한 대답을 한다. 당신부터 말해봐라. 왜 일을 하는지?

'돈 벌라고 하지.'

그렇게 뻔한 대답만 하니까 당신이 맨날 떨어지는 거다. 미안, 아픈데 건드려서. 일은 돈을 벌려고 하는 게 아니다. 우리는 가정과 학교에서 이렇게 배웠다.

첫째, 경제적인 부를 얻기 위해서
둘째, 자기발전과 자아실현을 위해서
셋째, 사회에 공헌하기 위해서

솔직히 둘째와 셋째는 그럴 듯하게 보이려는 수작이고 첫째 돈 때문에 일한다고 배운다. 그러니까 일하기가 싫은 것이다. 목적은 돈인데 왜 일을 해. 돈만 있으면 일 안 해도 된다는 논리가 여기서 나온다. 그러니 초등학생 입에서까지 이런 말이 나온다.

"앞으로 커서 뭐가 되고 싶냐고요? 재벌 2세요. 근데 아버지가 노력을 안 해요."

창조주나 구세주보다 건물주를 존경한다. 돈돈돈 돈만 있으면 만사 오케이다. 왜 일을 하는지에 대한 근본적 해답이 없어서 자꾸 면접에서 떨어지거나 알바 자리에도 오래 붙어 있지 못한다. 일하기 싫으니까. 생각을 바꿔봐라.

일해서 돈을 버는 게 아니라 사람들을 즐겁게 해준 보상으로 돈을 받는다고. 이 말은 나도 어떤 책에서 읽은 문장인데 내 머리를 확 깨워줬다. 이걸 50이 넘어서 읽었는데 20대에 읽었더라면 내 삶이 완전히 바뀌었을 것이다.

난 돈 벌려고 코미디 대본을 썼다. 돌이켜보면 즐겁게 일했다고 뻥을 쳤다. 솔직히 글쓰기 싫어도 원고료 생각하며 글을 썼다. 만약 내가 사람들을 즐겁게 해주는 사람이 많으면 많을수록 내 통장에 입금되는 액수가 많아진다는 걸 깨달았다면 더 재밌게 글을 썼을 것 같다. 내 글이 재미있으면 사람들이 더 많이 보고, 시청률이 더 올라간다. 인기가 올라가면 원고료는 자연히 더 높아지는 것 아니겠는가.

당신이 왜 일을 하는지 알려주마. 돈을 벌려고 일하는 것이 아니라 사람들을 즐겁게 해주려고 일한다. 돈은 단지 그에 따른 보상일 뿐이다. 당신이 무슨 일을 하든지 당신의 일로 즐거워하는 사람의 숫자가 많아지면 보수도 그만큼 많아진다는 것을 명심하라.

왜 난 이 회사에서 면접을 봐야 하지?

이걸 모르면 면접을 위해 기다리는 시간이 지루하다, 긴장된다, 빨리 자리를 뜨고 싶다, 화장실만 들락거린다. 이 회사에서 면접을 보는 이유는 내가 일자리가 필요해서가 아니다. 회사가 당신을 필요로 하기 때문이다. 그러니 당당히 면접에 응해라.

가장 흔히 듣는 면접관의 질문이다.

"당신은 왜 우리 회사에 지원을 했나요?"

"음…… 돈 벌려고요. 직업이 필요해서요."

"그렇다면 우리 말고 돈 더 주는 곳으로 가보세요."

"저는 꼭 붙어야 합니다. 이번이 99번째 면접이거든요."

"다음이 100번째가 되겠군요. 나가보세요."

"회사 바로 앞에 살아요. 출퇴근이 편합니다. 절대 지각을 안 할 겁니다."

"고등학교 때 맨날 지각하던 학생이 학교 앞 문방구집 아들입니다. 다음."

면접장에서 가장 많이 하는 실수 중 하나, 지원자들은 자기 생각만 한다. 자기가 뽑혀야 되는 이유를 108가지 이상 갖고 있다. 그렇다면 회사는 당신을 떨어트려야 하는 이유를 109가지 이상 가지고 있다. 내가 회사에 뽑혀야 되는 이유를 찾지 말고 회사가 나를 뽑아야 하는 이유를 찾아서 들이대라.

당신이 회사의 빈틈을 발견하고 그것을 채워주려고 한다면 회사는 당신을 채용할 것이다.

"자네는 왜 우리 회사에 지원을 했나?"

"네, 제가 우리 회사의 제품을 참 좋아해서 매일 아침마다 이 우유를 마시며 하루를 시작합니다. 맛도 좋고 몸에도 좋으니까요. 그런데 하루는 홈페이지 게시판에 글을 남기려고 들어갔는데 응대하는 분이 너무 사무적으로 일하시더라고요. 홈페이지를 찾아와 글까지 남기는 분이라면 정말 고객 중에 고객이거든요. 특히 항의를 하는 분들은 그 부분만 잘 처리해드리면 최고의 고객으로 남을 분들입니다. 저는 댓글이나 소비자 상담에 소질이 있습니다. 지금은 먼지가 쌓여 있는 홈페이지를 활기차게 돌려볼 자신이 있습니다. 제 블로그나 개인 카페에 와보시면 아실 겁니다."

'어라, 안 그래도 우리 홈페이지에서 자주 말썽이 생겨 아예 게시판을 폐쇄할까 했는데, 저런 친구가 들어오면 잘할 수 있겠는걸.'

이렇게 부족한 부분을 찾아내서 채워주겠다고 하면 회사는 그런 사람을 선호하게 되어 있다. 알고 봤더니 게시판에서 물의를 일으킨 친구가 그 지원자일 수도 있지만 그러면 어떤가? 이미 사원증 받았는걸…….

생각을 읽을 수 있는 면접관은 없다. 당신이 말하기 전까지는. 당신의 뛰어난 능력을 이제 말로 보여줘라. 말로 만루 홈런을 치면 된다.

> **신상훈의 핵심톡킹 18**
>
> **취업 면접, '왜'를 잡아라**
> '왜'라는 질문에서 모든 말이 시작된다.
> '왜 난 이 회사에서 면접을 봐야 하지?'라는 근본적인 질문을 해야 한다.

TALK 19

스펙을 완성하는 것은 '말'이다

후배가 화난 목소리로 전화를 했다.

"선배님, 술 한 잔 사주세요."

그냥 술을 먹자는 소리는 아닌 것 같다. 내가 술을 잘 못하는 걸 아는 후배니까.

"이게 말이 됩니까? 나보다 후진 녀석이 나보다 먼저 이사가 된다는 게? 진짜 사람 볼 줄 모른다니까요. 당장 때려치우던지 해야지……."

정기 인사 발표에서 자기 이름이 누락되고 후배가 이사라는 별을 달아서 뿔이 단단히 난 것이다. 이런 일은 의외로 많이 발생한다.

왜? 사장의 맘을 읽지 못해서 그렇다. 회사는 회사 나름의 원칙과 기준이 있다. 그 원칙과 기준은 CEO나 설립자, 오너가 정한다. 그걸 따르고 존중해야 승진할 수 있다. 면접도 마찬가지. 그 회사의 원칙과 기준을 빨리 파악해서 숙지하는 것이 합격으로 가는 지름길이다.

나와 친한 피디의 따님은 정말 착하고 예쁘고 공부 잘하고, 어디다 내놔도 누구나 데려가고 싶은 인재다. 그런데 승무원 시험에서 번번이 고배를 마신다.

"신 작가, 도대체 우리 딸이 뭐가 부족해서 그렇지? 항공사에 아는 사람 좀 없어? 붙여 달라는 게 아니라 왜 떨어트렸는지 이유나 좀 알자고."
이유를 알아도 알려드릴 수가 없었다. 면접장은 그야말로 치열한 인생의 각축장을 축소해놓은 '링'이다. 옆 사람이 붙으면 나는 떨어진다.

모 항공사의 전설 같은 면접 이야기가 있다. 처음엔 나도 믿지 못했는데 조사해 보니까 실제로 있었던 일이라고 한다.

"특기가 뭐죠?"
"크리스티나 성대모사입니다."
"한번 해보세요."
"안녕하세요, 크리스티나예요."

긴장이 흐르던 면접장에 웃음이 터졌다. 당연히 합격. 2차 면접에서도 그녀는 "안녕하세요 크리스티나예요"를 외치고 합격했고 최종 면접에서도 그녀는 "안녕하세요" 한마디로 합격을 했다. 그렇다고 여러분도 성대모사를 배우라는 건 아니다. 승무원 면접에서도 성패는 말에 있다는 것을 강조하려는 것이다. 자꾸 떨어지는 사람과 한 번에 붙는 사람은 말이 다르다. 무엇이 가장 다를까?

스펙을 완성하는 말

—

대기업 인사담당자들이 입 밖에 내놓지는 않지만 다 같이 공감하는 진실이 있다.

학벌, 연령, 지역, 외모, 배경 등에 따라 차별하지 않는다고? 그건 뻥이란 사실이다. 인정하자. 당신이 채용하는 입장에 있더라도 SKY과 듣보잡대 출신이 왔다면 누구를 뽑겠는가? 국내 10위권 대학이 아니라면 대기업 공채는 꿈도 꾸지 말아야 한다.

그런 소리 말라고? 내가 아는 형은 지방대 출신인데 대기업 공채에 합격했다고? 그 비밀을 알려줄까? 대기업이 일류대만 뽑는다는 비난을 면하기 위해 구색을 맞추는 거다. 실제로 내가 모 그룹 사장에게 직접 들은 이야기가 있다.

"정부의 권유도 있고 보는 눈도 있고……. 그래서 지방대 출신들에게 가산점을 줘서 뽑기는 합니다. 혹시 우리 회사에 꼭 오고 싶다면 상위권 대학에서 성적이 나쁜 것보다는 지방대 출신 중에 성적이 좋은 학생들이 훨씬 유리하다는 걸 알고 계세요."

도가 점점 떨어진다고 하지만 그래도 스펙이 중요한 건 아직까지 사실이다. 그러나 스펙이 최종합격을 좌우하는 건 아니다.

면접에선 딱 2가지만 본다.

첫째, 스펙을 잘 활용할 수 있는가?

피디분의 따님이 자꾸 떨어진 이유는 스펙은 좋으나 그 스펙을 현장에서 잘 활용하는 데 문제가 있었기 때문이다. 직접 만나보니까 더더욱 확실해졌다. 모르는 사람과의 첫 만남에서 굉장히 수줍어하더라. 매일 수백 명의 새로운 승객들을 만나야 하는 승무원이 그렇게 낯가림이 심하다면 업무를 어떻게 수행하겠는가.

둘째, 이력서에 적힌 스펙이 사실일까?

면접은 이걸 확인하는 작업이다. 이력서에 거짓을 적었다는 게 아니다. 봉사활동을 통해 사람을 사랑하고 소통을 잘한다고 적어놨는데 실제로 그런 것인지 확인해 본다는 뜻이다.

사우스웨스트 항공사의 면접장. 대기실 정수기에 물통이 비어 있었다. 아무도 물통을 갈아 끼울 생각을 안 했는데 한 친구가 그걸 바꿔놓았다. 그 친구는 면접을 통하지 않고 바로 합격. 말로만 친절, 봉사, 솔선수범을 외치는 것보다 한 번의 실천이 그를 합격시킨 것이다. 이제 알겠는가? 당신이 번지르르한 스펙과 잘 쓴 자소서, 포토샵으로 둔갑한 프로필 사진, 수십만 원짜리 양복을 입고도 면접에서 번번이 떨어지는 이유를? 면접은 글로 쓰인 이력서와 자기소개서의 내용을 본인 스스로 증명하는 자리다. 여기서 거짓으로 꾸며진 스펙은 치명적일 수 있다.

어떻게 말로 표현할 것인가?

대기실의 물통이 비어 있지 않다면 나의 성실함을 어떻게 표현하지? 걱정 마라. 말로 하면 된다. 면접은 그런 자리다.

• **사실을 말하라**

"저는 고등학교 때부터 고아원에 가서 아이들과 놀아주는 걸 좋아했습니다. 특히 아이들에게 장난감을 만들어주던 것이 생각납니다."

"어떤 장난감을 말하는 거죠?"

"그러니까…… 그게…… 특별하고…… 창의적인……."

"예를 들면?"

말문이 막힌다면 면접은 거기서 끝이다. 봉사활동을 거짓으로 꾸몄다는 게 탄로나기 때문이다. 봉사활동을 안 한 진실된 사람이 봉사활동을 한 거짓된 사람보다 훨씬 낫다.

• **신뢰를 말하라**

"저는 초등학교 때부터 대학교 때까지 반장과 학회장을 거듭하며 리더십을 키웠습니다. 리더로서 다른 학생들을 도와주는 게 기분이 좋았습니다."

"그럼 특별히 기억나는 친구 한 명의 이야기를 해주십시오."

"네? 그게 저…… 잘 기억이 안 납니다."

기억이 안 나는 게 아니라 아예 기억이 없는 것이다. 그가 반장이었다는 사실도 믿지 못하게 된다. 면접에서 가장 중요한 신뢰를 잃는 순간이다.

"기업의 사회적 참여에 대해 본인의 생각을 말씀해보세요."

"기업이 사회에 참여를 해야 하는데…… 그러니까 그게……."

면접에 있어서 피해야 할 것 중에 하나가 모르는 걸 아는 척하기다. 이럴 때는 자신 있게 모른다고 답하는 것도 용기다. 괜히 아는 척하다 가는 신뢰를 잃는다. 모른다고 하면 하나의 답을 모르는 것이지만 아는 척하다 가는 모든 것을 잃게 된다.

• **자신감을 말하라**

면접에 관한 조언을 할 때 빠지지 않는 것이 바로 자신감이다. 떨지 말고 당당하게 면접을 보라고. 그러나 그게 말처럼 쉬운 게 아니다.

나도 이런저런 면접에서 당당했다기보다는 떨긴 떨었는데 그걸 잘 감추었던 것 같다. 일단 눈은 상대방을 똑바로 쳐다보고 목소리는 크게 하고 살며시 미소를 지었다. 웃는 자는 어디서건 강자이기 때문에. 그리고 유머를 활용했다.

군대에서 자대 배치를 위한 면접을 하는 중에 이런 질문을 받았다.

"자네는 어디로 가고 싶은가?"

"집에 가고 싶습니다."

"웃기는 녀석이네……. 좋은 데로 보내줄게."

대대장이 운전병을 뽑기 위한 최종 면접에서도 유머 감각을 발휘했다.

"운전은 얼마나 오랫동안 해봤나?"

"20년 이상입니다."

"자네 나이가 얼만데……, 20년이야?"

"유모차 경력까지 포함했습니다!"

"허허허, 내일부터 대대본부로 나와."

- 나의 스토리를 말하라

유학시절 내 통장 잔고에 100불밖에 남지 않았다. 마지막 여행이나 떠나자고 말하고 아내와 차를 타고 산타모니카 비치로 달렸다. 그때 자동차에서 흘러나오던 한국 가요.

"어? 카세트테이프 틀었어?"

"아니. 라디오에서 나오는 노래야."

1990년 미국 LA에 라디오코리아가 설립되어 한국말 방송을 시작했던 것이다. 나는 무작정 방송국으로 가서 사장을 만났다.

사장은 '그건 너', '한 잔의 추억'으로 유명한 가수 이장희 씨였다.

"어떻게 오셨죠?"

"취직하려고 왔습니다."

"그래요? 자기가 살아온 이야기를 해보세요."

10분 정도 이야기를 듣던 이장희 씨가 내일부터 당장 출근하라고 했다. 이력서나 호적등본, 졸업증명서 같은 건 필요하지도 않았다. 몇 달 뒤에 같이 식사할 일이 있어서 물어봤다. 왜 그렇게 쉽게 저를 뽑아주셨냐고. 어차피 라디오는 '말 공장'이기 때문에 자신의 이야기를 들어보면 다 안다는 것이다. 특히 내가 한 말 중에 '라디오코리아가 노래도 좋고 뉴스고 좋고 드라마도 좋은데 웃음이 빠져 있습니다. 제가 한국서 코미디 작가를 했기 때문에 웃음을 채워드릴 수 있습니다'라는 자신감에 합격을 결정했다고 한다.

남의 이야기보다는 나의 이야기를 해보라. 나의 경험, 나의 실수, 나의 에피소드……. 나의 생각이 남의 이야기보다 약하고 재미가 없을 수도 있지만 더 강력한 힘이 있다. 주인공이 나이기 때문에. 면접이란 무대의 주인공도 바로 나라는 점을 잊지 마시라.

가치를 공유할 수 있는 사람이 되라

앞에서 국내 10대 대기업들은 상위 10위권 대학에서 직원을 뽑는다는 말을 했다. 이 말에 혹시 실망하는 분들에게 희소식을 전한다. 최근 대기업들이 면접 방식을 바꾸며 점수형 인재보다 실무형 인재를 더 우대하기 시작했다. 세칭 스카이대 출신의 비율을 낮추고 있다. 성적 좋은 직원을 뽑아봤더니 코치만 수두룩하다는 것이다. 실제 경기에서 뛰는 건 선수지 코치가 아니다.

외교관 선발에서도 IQ, 외국어 실력, 대학 성적 등의 기준으로 뽑은 외교관보다 문화적 감수성, 네트워크 파악 능력, 타인에 대한 긍정적 기대 심리 정도 등을 기준으로 선발한 외교관들이 훨씬 좋은 성과를 냈다고 한다. 기업의 면접관들도 성적보다는 소통능력과 승부근성 등을 더 높게 평가하게 되면서 그걸 찾기 위한 이런저런 문제와 질문으로 실무형 인재를 뽑기 시작했다.

미국 대형마켓에 김밥을 납품하는 한 회사가 있다. 영어 잘하는 인재를 직원으로 뽑았더니 마켓에서 문제가 발생하여 전화가 오면 능숙한 언변으로 변명만 하고 처리를 잘 안 해주더란다. 그래서 그 사람을 대신해 영어는 잘 못하지만 성실한 사람을 뽑았더니 마켓에서 문제가 발생하면 서툰 영어로 "오케이, 아이 언더스탠드. 아윌 픽스 잇. 아일비테얼" 하면서 달려가 조치했다고 한다. 마켓에서는 당연히 후자의 직원을 좋아했고 성실한 그는 부사장까지 승진했다고 한다. 그래도 직장에 들어가 보면 역시 학력은 커다란 벽이다. 아직도 서류 심사를 통과하는 이력서는 서울대가 서울에 있는 대학보다 많다. 그러면 어떻게 해야 할까? 다 늦게라도 대학을 다시 다녀와야 하나? 유학이라도? 아니면 대학원이라도 다닐까?

결론부터 말하자면 스펙용의 아주 좋은 대학이나 대학원이 아니라면 실무용 외국어나 자격증을 따는 것이 훨씬 낫다. 더 기쁜 소식은 취업할 때는 학벌이 중요하지만 직장의 별이라고 하는 이사가 될 때는 학벌이 소용없다. 충성도가 더 중요하다.

"자네는 노조에 대해서 어떻게 생각하나?"

"좋지요. 뭘 준다는데 싫어할 사람이 어디 있겠어요? 돈도 노조, 손수 권도 노조, 하하!"

면접 질문 중에는 그 사람의 생각이나 사상을 들여다보는 질문이 많다. 우리 회사의 방향과 같은지 아닌지를 알아보는 것이다. 커다란 기업의 변호사가 온통 회사에 평지풍파를 일으키고 난 뒤에 충성도를 더 따지게 되었다. 만약 회사가 추구하는 방향과 나의 생각이 다르더라도 취업을 위해 거짓말을 하지 마라.

"노조요? 저는 당연히 있어야 한다고 생각합니다. 노조가 있는 기업이 그렇지 않은 기업에 비해 성장률이 더 높다는 것은 선진국의 사례에서 이미 증명이 됐습니다. 저는 송곳 같은 놈입니다."

그래서 뽑아주면 다행이고 아니면 그냥 다른 데 취직해라. 괜히 아닌 척, 거짓말로 대답해서 어쩌다가 취직이 되더라도 그 회사에서 크기 힘들다. 집보다 더 오래 있어야 할 직장인데 식당 밥맛이 안 맞는 건 참을 수 있어도 생각이 다르면 못 견딘다.

미국 월마트의 창시자 샘 월튼은 두 사람의 후계자를 놓고 고민을 했다. 경영의 천재라고 불리는 '론 마이어'와 우직하게 조직생활을 해온 '데이비드 글라스'.

샘 월튼의 선택은 데이비드 글라스였다. 그 이유는 단 하나. 론 마이어는 종종 자신의 아이디어와 추진력을 우선시했는데 데이비드 글라스는 항상 샘 월튼의 창업정신을 중시했다. 결과적으로 샘의 선택은 옳았다. 회사의 연매출을 10배 이상 끌어 올렸으며 '유통의 신'이라는 별칭까지 얻게 되었다. 모든 창업자나 사장들은 똑같다.

뛰어난 사람보다는 자신의 가치를 같이 해줄 사람을 직원으로 뽑고 싶다. 뛰어난 사람은 언제든 다른 회사로 갈 수 있지만 자신에게 충성하는 사람은 나 대신에 감옥이라도 갈 수가 있다는 걸 회장과 사장들은 잘 안다. 실제로 대기업 임원들의 선발 기준은 충성도다. 끝까지 함께할 의리를 더 중요시하기 때문에 배신할 사람은 절대 발탁되지 않는다.

이제 답은 나왔다. 면접에서 신입사원으로 뽑히려고 하지 말라. 임원, 아니 후계자가 되겠다는 강한 의지를 보여줘라. 이 회사에 충성을 다해 내 뼈를 묻겠다는 각오를 몸으로, 말로 표현해라. 면접장에 뼈를 묻을 생각하고 삽을 준비해라. 그러면 합격이다.

그렇게는 못한다고? 그럼 구직을 포기하고 창업을 선택해라. 나도 그런 사람 중에 한 명이다. 그런데 창업은 면접 통과보다 더 어렵다는 걸 알고 시작하시길 바란다.

신상훈의 핵심톡킹 19

합격은 성적순, 승진은 충성순
- 스펙을 완성하는 건 말 : 사실, 신뢰, 자신감, 나의 스토리를 말하라.
- 스펙이 부족해도 방법은 있다 : 가치를 공유할 수 있는 사람이 되라.

모든 대화는 질문에서 시작된다!

한순간도 막힘없는 대화의 기술
이제는 질문이다

초판 1쇄 발행 2016년 4월 15일
초판 6쇄 발행 2023년 6월 1일

지은이 신상훈
발행인 김우진

발행처 북샵일공칠
등록 2013년 11월 25일 제2013-000365호

주소 서울시 마포구 월드컵북로 402, 16
전화 02-6215-1245 | 팩스 02-6215-1246
전자우편 editor@thestoryhouse.kr

ⓒ 2016 신상훈

ISBN 979-11-952473-6-3 13320

- 북샵일공칠은 (주)더스토리하우스의 자기계발, 실용서 출판 브랜드입니다.
- 이 책의 내용 전부 또는 일부를 재사용하려면 반드시 동의를 받아야 합니다.
- 책값은 뒤표지에 있습니다.